Ayya Khema

Erinnerung an das Wesentliche

Ayya Khema

Erinnerung an das Wesentliche

Herausgeber
ist das Buddha-Haus Projekt

JhanaVerlag

Jhana Verlag im Buddha-Haus
www.jhanaverlag.de oder www.buddha-haus.de

Bibliografische Information der Deutschen Bibliothek
Die Deutsche Bibliothek verzeichnet diese Publikation in der Deutschen Nationalbibliografie; detaillierte bibliografische Daten sind im Internet über http://dnb.ddb.de abrufbar.

ISBN 978-3-931274-69-6

Korrektorat: Romy Schlichting
Umschlaggestaltung: Bettina Lindenberg
Coverfoto: Roland Nyanabodhi Wildgruber
Fotos: Heinz Roiger & Roland Nyanabodhi Wildgruber
Satz und Layout: Claudia Wildgruber
Druck: Druckerei Steinmeier GmbH & Co. KG, Deiningen

In liebevoller Erinnerung
an unsere spirituelle Lehrerin
Ayya Khema

Inhalt

Ayya Khema im Buddha-Haus, Frühjahr 1989.

Würdigung

Dieses besondere Buch haben wir zum 100. Geburtstag von Ayya Khema zusammengestellt. Es soll uns nochmal eindrücklich an das Wesentliche erinnern.

Auch bis heute ist ihre Art zu lehren einzigartig, lebendig und inspirierend für viele Menschen. Dafür sind wir ihr zutiefst dankbar.

Neben der klaren Darlegung der Lehre Buddhas verdanken wir ihr besonders die Erklärungen zur Praxis der meditativen Vertiefungen (*jhanas*). Diese Art der Meditation des Buddha gab sie nach Aufforderungen ihres Lehrers – des Ehrw. Ñānarāma – klar und präzise nachvollziehbar weiter.

Wenn wir die Lebensgeschichte von Ayya Khema (Ilse Kussel) ansehen, ist unschwer zu erkennen, dass sie eine tatsächliche Weltbürgerin („a world citizen") war. Nach ihrer Flucht aus Deutschland 1938 lebte sie in Schottland, China, USA, Mexiko, Pakistan, Australien und Sri Lanka. Außerdem lehrte sie in vielen Ländern weltweit, wo heute noch die Verbindung zu Ayya Khema besteht und wir vernetzt sind.

Hervorzuheben ist auch die Teilnahme bei der ersten

internationalen Konferenz für buddhistische Nonnen und Frauen aller buddhistischen Traditionen und ihr großes Engagement bei der Mitbegründung von *Sakyadhita* – dem Netzwerk buddhistischer Frauen – in Bodhgaya, unter der Schirmherrschaft des Dalai Lama.

Sie studierte zunächst das *Dhamma* auf Englisch. Hier liegen deutlich mehr Übersetzungen buddhistischer Texte vor. Nach ihrer Rückkehr 1989 nach Deutschland war dies eine ideale Basis für ihre Vorträge auf Deutsch, woraus bemerkenswert tiefgehende Erläuterungen der Lehre Buddhas entstanden.

Um die spirituelle Kraft von Ayya Khema zum Wohle der Menschen weiter wirken zu lassen, hat der Buddha-Haus Vorstand beschlossen, dieses Jubiläumsbuch herauszugeben.

Wir danken insbesondere Claudia Wildgruber und Romy Schlichting für deren akribische und hingebungsvolle Arbeit.

Möge dieses Buch vielen Menschen
Inspiration und Klarheit auf dem Lebensweg bringen.

Heinz Roiger,
im Juli 2023

Dank

Von Herzen möchte ich allen danken, die zur Entstehung dieses Buches mit ausgewählten Vorträgen von Ayya Khema beigetragen haben: Heinz Roiger, der den Anstoß zum Buch gab und unterstützend im Hintergrund mitwirkte.

Dank auch an Gudrun Heidecke, die damals Audioaufnahmen der Vorträge transkribiert hat.

Ganz besonderer Dank jedoch gilt Romy Schlichting, die mit viel Elan und Herz an das Projekt herangegangen ist. Es war eine fruchtbare Zusammenarbeit, mit ihr die Vorträge für dieses Buch zusammenzustellen und sich dabei über Ayya Khema und das *Dhamma* auszutauschen.

Claudia Wildgruber,
im Juli 2023

Ayya Khema vor der Stupa am Buddha-Haus, in der ihre Asche liegt.

Vorwort

Vor 100 Jahren wurde Ayya Khema geboren – ein wunderbarer Anlass, ihr heute in diesem Jubiläumsbüchlein wieder zu begegnen. Und vielleicht geht es den Lesern und Leserinnen, die sie kannten, wie mir: Bei der Auswahl ihrer Vorträge war sie ganz präsent – mit ihrem trockenen Berliner Humor und ihrer eindrücklichen Stimme, in ihrer nüchternen klaren Art und ihrem Pragmatismus.

Ihre Stimme im Ohr, höre und lese ich Sätze wieder, die sich mir bei ihren Vorträgen von Anfang an tief eingeprägt haben und die zum Wegweiser in meinem Leben geworden sind.

Die hier ausgewählten Vorträge umspannen die letzten sieben Jahre ihres Lebens, in denen sie einen grundlegenden Beitrag zur Verbreitung des Buddhismus im Westen geleistet hat. Inhaltlich gehen die Vorträge von einer Klärung der eigenen Lebensausrichtung „*Um was geht's denn eigentlich?*" über den weisen Umgang mit den Herausforderungen des Menschseins in „*Dukkha als unser Lehrmeister*" bis zu ihrem letzten Vortrag „*Getanes und Ungetanes*", der von *Karma* und Wiedergeburt handelt.

Abgerundet wird das Buch durch die spannende Lebensgeschichte dieser außergewöhnlichen Frau.

Herzlichen Dank, liebe Ayya, für die Klarheit, Liebe und Weisheit, mit denen du uns auf Buddhas Weg zu Glück und Freiheit gebracht und begleitet hast!

Romy Schlichting,
im Juli 2023

Um was geht's denn eigentlich?

Vortrag im August 1991 im Buddha-Haus Allgäu

In der Geschäftigkeit des täglichen Lebens wird oft vergessen, dass es höhere Werte gibt als die alltäglichen, denen wir nachjagen. Vor allen Dingen passiert dies, wenn die Jagd so aufreibend ist, dass überhaupt keine Ruhepausen eintreten. Dann vergisst der Mensch vollkommen, um was es eigentlich geht.

Es geht bestimmt nicht darum, mehr zu haben, oder mehr zu wissen. Mehr als wer? Der Nachbar? Oder jemand am anderen Ende der Welt? Oder derjenige, der bei uns im Haus wohnt? Mehr als gestern? Die ganze Jagd, die sich im weltlichen Leben abspielt und sich in der Schnelligkeit und Geschwindigkeit spiegelt, in der jeder vorwärtskommen will, ist ein Trugbild. Wo ist vorwärts? Die Welt ist rund. Unsere ganze Lebensdauer ist von Geburt bis Tod. Wenn wir älter werden, werden wir körperlich schwächer. Wo ist da vorwärts? Es geht höchstens rückwärts.

Die meisten Menschen vergessen vollkommen, was wirklich wichtig ist. Selbst wenn wir es hören, ist es uns immer noch nicht klar, was im Mittelpunkt des Geschehens steht. Um was geht es denn eigentlich? Geht es darum, keine Schmerzen zu haben? Oder geht es darum, besser meditieren zu können als unser Nachbar? Oder vielleicht besser als alle Anwesenden? Weiß eigentlich jeder, um was es geht?

Weil der Buddhismus im Westen ja größtenteils unbekannt ist, wird oft gefragt, ob er Religion oder Philosophie oder Psychologie sei. Es wird auch manchmal diskutiert, ob er eine Gefahr für das Christentum sei. Ich glaube, die Frage allein zeigt schon die Absurdität einer solchen Besorgnis.

Buddhismus praktizieren ist eine der Möglichkeiten, um zu verstehen, wovon das menschliche Leben handelt. Es geht immer wieder um dasselbe, aber wir müssen uns hineinknien, in diesem Fall sogar wörtlich genommen. Wenn wir oberflächlich zuhören, passiert überhaupt nichts. Im Gegenteil! Erst einmal müssen sich Herz und Geist einig sein, dass die Jagd in der Welt auf keinen Fall bleibende Resultate bringen kann. Im Herzen ist es aber möglich, einen Weg zu finden, der alle Fragen beantwortet und der uns dann am Ende zeigt, wieso wir überhaupt auf der Welt sind.

Wen das nicht interessiert, der braucht nicht zu meditieren. Da können wir unsere Zeit anders verwenden. Wir können etwas lernen, womit wir Geld verdienen oder auf unsere Freunde Eindruck machen können. Mit Meditation werden wir nie Eindruck machen, höchstens auf uns selbst. Wollen wir auf uns selbst Eindruck machen, dann müssen wir auch etwas Druck auf uns ausüben. Dieser Druck kann weit stärker sein, als wir annehmen. Wir nutzen unsere geistigen Fähigkeiten vielleicht zu 25 Prozent – die verbleibenden 75 Prozent verwenden wir, um angenehme Sinneseindrücke zu bekommen.

Wenn wir uns nicht ernsthaft mit Herz und Geist bemühen, dann werden sie uns auch nicht helfen und nichts wird geschehen. Nichts auf der Welt von Wert, und sei er noch so materiell, können wir ohne Bemühung erreichen. Was bekamen wir in diesem Leben bis jetzt ohne Bemühung? Auch die falschen Bemühungen erzeugen Resultate, wenn auch oft solche, die wir lieber vermieden hätten. Die richtige Bemühung kann die größte Veränderung bewirken, die im Leben je möglich ist. Sei es Philosophie, Psychologie, christlich oder buddhistisch – macht das wirklich etwas aus? Worauf kommt es denn eigentlich an? Immer nur auf das eigene Herz und den eigenen Geist, die sich ständig in eine Sackgasse verrennen, weil sie Dinge möchten, die sie nicht haben können, oder Dinge loswerden wollen, die sie haben. Jedoch einmal erreicht oder losgeworden, kommt schnell wieder etwas Neues.

Es ist ein Jammer, die Fähigkeiten, die wir haben, so zu verschwenden. Wir haben die Möglichkeit, das größte Glück und die größte Reinheit zu erleben, so dass wir nicht nur in unserem Innenleben eine ganz andere Realität sehen, sondern diese Sicht auch auf unsere Umwelt ausbreiten können. Diese andere Realität hat nichts damit zu tun, dass die Welt sich vor unseren Augen ändert. Es ist die Welt unseres inneren Auges, die sich ändert. Wenn das geschehen ist, dann haben wir der Welt den größten Dienst, der denkbar ist, erwiesen. Wir fangen vor allen Dingen damit an, nicht mehr „Gib mir etwas“ zu denken, sondern „Ich will geben“. Erst wenn es dazu kommt, dass ich geben will und nicht erwarte, dass man mir gibt, dann fängt das Leben an, tieferen Sinn zu ergeben.

Natürlich ist Buddhismus eine Religion. Es gibt 500 Millionen Buddhisten auf der Welt. Natürlich ist Christentum eine Religion. Es gibt 700 Millionen Christen auf der Welt. Wie viele Menschen beider Religionen praktizieren? Sind Worte wirklich wichtig? Das einzige, was den kleinsten Unterschied im universellen Bewusstsein der Menschheit machen kann, ist ein praktizierender Mensch, sogar nur einer.

Der Buddha ist viele Kilometer zu Fuß gegangen, um einen Menschen zu belehren, weil dieser eine wirklich praktizieren wollte. Wir können nicht auf den nächsten warten, der es tun soll. Wir können nur selber der eine sein.

Rabbi Hillel hat im 1. Jahrhundert unserer Zeitrechnung gesagt: „Wenn nicht ich, wer denn? Wenn nicht jetzt, wann dann?“ Übermorgen oder Montag? Es gibt doch nur diesen einen Augenblick, und der ist jetzt. Hat irgendjemand von uns oder sonst wo auf der Welt eine schriftliche Garantie, dass er übermorgen – oder gar morgen – noch am Leben sein wird? Oder heute Nacht? Das ist doch nichts wie eine Hoffnung. Natürlich eine berechtigte Hoffnung, wenn wir nicht todkrank sind, aber dennoch keine Garantie. „Wenn nicht jetzt, wann dann?“

Jetzt ist der Körper noch einigermaßen in Ordnung und kann nur darum nicht ruhig sitzen, weil es ihm ungemütlich wird und das Erdulden und Überwinden dem Geist fremd ist. Der Geist hat alle seine Sinne beisammen und kann Ruhe- und Einsichtsmeditation üben. Wer weiß, was nächste Woche ist? Oder nächstes Jahr? Oder morgen früh? Wenn wir kein Verständnis dafür erlangen, dass wir das materielle Leben einmal hinter uns lassen und uns ganz dem Spirituellen zuwenden müssen, um dort unsere Hingabe, Liebe, Vertrauen, unser ganzes Sein auszuschütten, wird nie etwas aus unserer Transformation werden. Wohin denn mit den ganzen Kräften, die jeder von uns in sich trägt? Geld verdienen? Dazu brauchen wir doch nicht unser ganzes Sein. Neue Menschen kennenlernen? Noch mehr Bücher lesen? Genügen nicht schon die, die wir bereits gelesen haben? Um was geht es denn eigentlich? Was ist denn so wichtig? Soll es etwas gemütlicher sein, die Beine oder der Rücken sollen nicht wehtun? Ist das wirklich, worum das Leben geht?

Um was handelt es sich denn im Herzen und im Geist? Es handelt sich doch nur um eine einzige Sache: um Freiheit, die Erlösung, das Ende aller Verknechtung des Geistes; so dass er nicht immer wieder mit alten Mustern reagiert und immer wieder einen Grund findet, um unglücklich zu sein. „Irgendjemand hat mir wieder nicht gegeben, was ich haben wollte."

Wir glauben, wir kämen mit einem Gutschein auf die Welt, wie man ihn im Warenhaus erstehen kann, und mit dem wir uns alles abholen können, was wir haben wollen. Alles müssen wir uns erarbeiten, jedes bisschen. Und wie erarbeiten wir uns den inneren Frieden? Indem wir immer wieder von den Sinnen loslassen.

Was die Sinne uns bieten, ist nichts weiter wie eine Täuschung, eine Einbildung, die leider jeder glaubt. Wenn wir eines Tages die Notwendigkeit erkennen, uns davon zu befreien, dann müssen wir uns immer wieder klar machen, dass es nicht darum geht, Angenehmes zu sehen, hören, riechen, schmecken, berühren und zu denken. Es geht darum, das tiefere Sein zu erfassen, das in allen von uns das Gleiche ist.

Wenn das nicht so wäre, dann wäre es wahrhaftig so, wie

die Menschheit glaubt, dass nämlich die fünf Weltreligionen nicht miteinander übereinstimmen. Es gibt natürlich auch einige Menschen, die dies nicht glauben, aber die Mehrheit denkt, dass es wirklich darauf ankäme, welcher Religion wir angehören. Sogar dass die anderen Menschen Unrecht haben müssen, wenn sie nicht zu unserer Religion gehören. Ein heller Wahnsinn natürlich. Was wollen denn die Religionen von uns? Dass wir uns läutern, dass wir erkennen, um was das Leben wirklich geht, was es bedeutet, Mensch zu sein, vor allem einmal ein ganzer Mensch werden.

Wir sind alle als Menschen geboren, aber wir müssen auch unsere Menschlichkeit entfalten lernen. Es hat nichts damit zu tun, ob wir Mann oder Frau sind. Es handelt sich um das Menschsein, und nicht darum, welchem Geschlecht wir angehören. Selbstverständlich haben wir verschiedene Kennzeichen und Merkmale, aber selbst unter Männern und Frauen sind diese oft unterschiedlich. Die Menschheit ist eins, sogar eins mit der Natur und mit allem, was existiert.

Der Buddha hat gesagt: „Das ganze Universum, ihr Mönche, liegt in diesem klafterlangen Körper.“ Hier bei uns selbst ist alles zu finden, nichts anderes gibt es. Menschsein bedeutet, dass wir dessen ganze Tiefe und volle Größe erfahren, die in jeder Religion gelehrt werden. Wenn die Menschen nicht mehr auf den ursprünglichen Lehrer hören, sondern ihren eigenen Vorstellungen folgen, geht vieles von der Eindeutigkeit der Lehre verloren. Aber wenn wir wieder zur Quelle, zum Ursprung, zurückkehren, dann sehen wir, es gibt nur eine einzige Quelle. Wenn wir uns dieser Quelle nähern, kommen wir der vollkommenen Reinheit näher, denn die Quelle ist ohne jegliche Unreinheiten und enthält alles, was wir brauchen. Um uns ihr zu nähern, müssen wir uns voll hingeben. Unsere eigenen Wünsche und Vorstellungen haben überhaupt nichts damit zu tun.

Es gibt eine Lehrrede des Buddha, die „Brahmajala-Sutta", auf Deutsch „Das Netz der Ansichten", und in ihr sind 62 Ansichten beschrieben, die eine Zusammenfassung von allen Ansichten sind, die ein Mensch haben kann. Alle sind falsch, weil sie auf dem „Ich" aufgebaut sind, also auf einer Person von Sandkorngröße, die von sich aus alles irgendwie beurteilt. Das kann natürlich nicht stimmen. Wenn wir unsere eigenen Ansichten einmal aus dem Spiel lassen und uns wirklich eine halbe Stunde hingeben würden, dann könnten wir erkennen, um was es geht. Es geht um die Läuterung von Herz und Geist und nicht um Erklärungen, Ansichten, Erläuterungen oder irgendwelche Ideen, Ablehnungen, Hoffnungen und Pläne. Nichts davon, alles steht im Weg.

Alles sind Barrieren, mit denen wir uns Tag für Tag herumschlagen und die das Leben nicht nur schwierig machen und es auf die Sinne ausrichten, sondern uns auch in einer Art und Weise begrenzen, sodass wir nie das Ganze sehen können. Wir können gerade das sehen, was unsere eigene Person und die paar Menschen betrifft, die um uns herum leben. Schon dieser Erdball, auf dem wir leben, ist uns fremd. Da sind andere Menschen, irgendwo. Was machen die eigentlich? Existieren sie überhaupt? Vielleicht werden sie uns einmal auf dem Fernseher gezeigt. Aber wir sind nur mit „ich" beschäftigt. „Ich will, ich möchte, ich habe, ich werde." Das funktioniert einfach nicht, um Frieden und Harmonie herbeizuführen.

Wenn wir wissen wollen, um was es geht, müssen wir unsere eigenen Ansichten loslassen, denn sonst können wir es ja nie erfahren. Wenn wir glauben, dass unsere eigenen Ansichten stimmen, dann müssen wir nachprüfen, ob sie uns glücklich machen. Sollte das nicht der Fall sein, dann dürften wir wohl annehmen, dass sie nicht stimmen. Oder glaubt jemand, dass wir auf der Welt sind, damit andere uns recht glücklich machen? Oder dazu, dass unsere eigenen Vorstellungen uns immer wieder verfolgen, so dass wir überhaupt keine neuen bekommen können?

Der Buddha hat gesagt, es gäbe vier Arten Menschen, vergleichbar mit vier Arten Tongefäßen. Das erste Tongefäß hat Riesenlöcher im Boden. Wenn Wasser hineingegossen wird, läuft es gleich wieder heraus. Was wir mit dem rechten

Ohr hören, läuft aus dem linken wieder heraus. Die zweite Art Tongefäß hat Risse. Das Wasser, das hineingegossen wird, sickert heraus. Was wir hören, zur Kenntnis nehmen oder auch erleben, sickert alles weg. Wir kehren mit unseren Gedanken gleich dorthin wieder zurück, wo wir immer schon waren. Die dritte Sorte Tongefäß ist bis an den Rand voll mit Wasser, so dass kein frisches Wasser hineingegossen werden kann. Das sind solche Menschen, die sowieso schon alles wissen, also nichts Neues in sich hereinlassen. Das ist eine besonders unangenehme Situation, wenn wir viel Neues zu hören bekommen, da wir ja dann ständig beim Ablehnen sein müssen. Da wir zu voll mit Meinungen sind, haben wir keinen Freiraum für anderes übrig. Dann gibt es natürlich noch ein Tongefäß, das weder Löcher, noch Risse hat und leer ist. Dort kann man wirklich frisches Wasser hineingießen. Wir können uns aussuchen, welche Art Tongefäß wir sein wollen.

Der Buddha hat vor 2.500 Jahren darüber gesprochen, und auch heute sieht es nicht anders aus. Trotzdem hat er sich nicht davon abhalten lassen, 45 Jahre seines Lebens tagtäglich zu lehren. Denn er sagte, es gäbe einige Menschen mit wenig Staub auf den Augen, womit natürlich das innere Auge gemeint ist. Auch wenn es nur wenige Menschen sind, aber die werden die Wahrheit verstehen.

Die Möglichkeit, auf dieser Welt das wahre *Dhamma* zu hören, war schon zu Zeiten des Buddha eine Rarität und heute noch viel mehr. Wenn wir es hören, können wir Gefühle der Liebe, Zuneigung und des Vertrauens dafür bekommen, was anfänglich vielleicht nicht so selbstverständlich ist. Dann müssen wir es uns merken, was auch nicht leicht ist, und dann uns der höchsten Wahrheit hingeben. Wir sollten dazu in der Lage sein, wenn wir die gewöhnliche Ebene, auf der die Menschheit lebt, als nicht zufriedenstellend erkannt haben. Sollte jemand sie für wirklich zufriedenstellend halten, würde er dies bestimmt nicht lesen, um Neues zu erfahren. Wir sind nur interessiert, weil die Marktplatzrealität uns nicht erfüllt und wir den Weg heraus aus dem Leid suchen. Die Ebene des Marktplatzes kann uns dabei nicht helfen, und das ist keines Menschen Schuld. So ist die Existenz der Welt. Da können wir, wie der Buddha gesagt hat, die höchsten Berge besteigen, in den tiefsten Grund des Meeres tauchen, es bleibt alles gleich. Wir begehren etwas und bekommen es nicht; wir bekommen etwas und wollen es nicht. Immer wieder das Gleiche und keiner hat daran schuld.

Wenn uns das nicht einleuchtet, können wir nicht praktizieren. Es ist unmöglich, sich dem spirituellen Pfad wirklich hinzugeben, wenn wir immer noch glauben, dass in der Welt und bei Menschen etwas zu finden ist, was volle Erfüllung bietet. Das einzige, was wir da finden können, sind Sinnesbefriedigungen, z. B. genügend Essen, um Hunger zu vermeiden.

Um uns wirklich dem spirituellen Leben hinzugeben, müssen wir wissen, dass wir nichts bekommen werden, sondern, dass wir anfangen wollen aufzugeben. Wenn wir uns selbst hingeben können, ist der erste Schritt getan. Alles, was wir in uns tragen, das unser „Ich“ bestätigt, umfasst, erhält, unterstützt, erklärt, bedeutsam macht, spielt sich auf der weltlichen Ebene ab.

In dem Augenblick, da wir uns selbst hingegeben haben, selbst wenn es nur für eine Sekunde ist, gibt es kein einziges Problem mehr, denn wer sollte dann ein Problem haben? In dem Augenblick ist keiner vorhanden, der Probleme haben könnte. Je größer das Ich, das Mein und Mir, das Habenwollen in uns ausgeprägt ist, desto mehr Probleme haben wir. Wir können unsere eigene Ichbezogenheit ganz genau daran kalibrieren. Mehr Probleme, mehr Ego. Ein Gleichnis dafür ist ein dicker Mensch, der durch eine Tür gehen will und an beiden Seiten der Tür anstößt und sich wehtut. Genauso geschieht es mit einem dicken Ich. Es stößt überall an und tut sich ständig weh.

Die Welt ist nicht so geschaffen, dass sie uns unterstützt und sich um unser Wohlergehen sorgt. Sie schuldet uns überhaupt nichts, aber wir schulden unserer Umwelt viel. Wir sind nur am Leben, weil unsere Umwelt uns erhält. Ohne die Menschen und Natur um uns herum könnten wir nicht existieren. Wenn wir einmal klar sehen, dass wir unserer Umwelt sehr viel verdanken, wird unser Denkprozess vielleicht in andere Bahnen geleitet. Solange wir nur mit der Idee des Habenwollens beschäftigt sind, reiht sich ein Problem pausenlos an das andere. Am Ende können wir überhaupt nicht mehr klar sehen, denn, je mehr Negativitäten wir in uns haben, desto unklarer, vernebelter und düsterer wird das Bild. Am Ende glauben wir nur noch, dass wir ungerecht behandelt werden, weil niemand uns das gibt, was wir haben wollen.

Wenn wir doch nur einmal zuhören würden, dann würden wir schnell erkennen, dass Ursache und Wirkung zusammengehören, dass nicht Chaos, sondern Kausalität im Universum herrscht. Keiner hat es auf uns persönlich abgesehen. Der einzige, von dem sich das sagen ließe, sind wir selber. Aus lauter Unvernunft tun wir uns oft selbst sehr weh. Es gibt im ganzen Universum niemanden, der es böse mit uns meint. Aber wir selber sind darin sehr geschickt. Andererseits gibt es genauso niemanden, der uns erlösen kann, auch das muss durch eigene Läuterung, Verständnis und Hingabe geschehen.

Wenn ich mich selber geben kann, dann kann ich alles geben. In dem Augenblick, wo „ich" „mich" zeitweilig aufgeben kann, wenigstens während der Meditation, sind vor allem Meditationsresultate zu erwarten. Außerdem erleben wir, was es bedeutet, wenn „ich" einmal nichts haben will, sondern nur „bin". In der Stille ist die Gelegenheit dafür gegeben, draußen in der Welt nicht. Dort läuft erstens einmal alles viel zu schnell ab, und zweitens werden ganz andere Anforderungen an uns gestellt.

Wenn wir die Zeit in der Abgeschiedenheit nicht zur wahren Praxis verwenden, bedeutet dies, schlecht mit uns selbst umzugehen. Keinem andern wird geschadet, nur uns selbst. Es ist ja auf der tiefsten Ebene der Wahrheit unmöglich, einem anderen Schaden zuzufügen. Wir können nur uns selbst schaden. Vielleicht können wir lernen, unser eigener guter Freund zu sein, und überlegen, was diese Freundschaft bedeuten kann. Vielleicht können wir durch Hilfestellung eines Freundes erkennen, was eigentlich gut für „mich", den besten Freund, ist. Nachdem wir das erkannt haben, folgt dann die Erwägung: „Wie mache ich das? Oder erwarte ich immer noch, dass jemand anders es für mich tut?" Aber vielleicht ist es uns inzwischen ganz klar, dass jeder andere auch für sich selbst das Glück sucht. Ohne diese Einsicht ist es unmöglich zu praktizieren.

Der spirituelle Weg verlangt den ganzen Menschen und verlangt ein klares Verständnis für uns selbst. Außerdem brauchen wir Vertrauen, Liebe, Geduld und Beharrlichkeit.

Wir können soweit praktizieren, wie es unsere Charaktereigenschaften, die wir hierher mitgebracht haben, uns erlauben. Durch ständiges Praktizieren läutert sich aber unser Charakter, sodass das Praktizieren überhaupt keine Schwierigkeiten mehr bereitet. Im Gegenteil, nicht zu praktizieren wäre eine Schwierigkeit, denn dann verfallen wir wieder mit Haut und Haar den Illusionen der Welt, lassen uns von ihnen einfangen und sehen die wahren Werte nicht mehr.

Die tiefen Werte im Leben kommen aus Herz und Geist und sind Liebe, Mitgefühl, Gleichmut, Einsicht in die Vergänglichkeit und den Tod, Verständnis für die Wesensgleichheit von allem Existierenden, Zusammengehörigkeit, Helfenwollen, Erkennen des *dukkha* in uns selber und allen andern, und dann das Transzendieren. Das sind die wirklichen Werte. Alles andere ist dafür da, um uns am Leben zu halten. Natürlich müssen wir auch am Leben bleiben, um die wirklichen Werte zu erkennen; aber es lohnt sich wirklich nicht, sich nur zu bemühen, am Leben zu bleiben, denn das hat ja noch nie jemand geschafft. Bei allen endet das Leben mit dem Tod.

Wenn wir unser Leben damit verschwenden, um am Leben zu bleiben und angenehme Sinneskontakte zu haben, ist dies ein Verlust eines wertvollen Menschenlebens und unsere Zeit ist unnütz verbracht. Ein jeder von uns kann sich nach den wahren Werten ausrichten und versuchen, diese ständig als Richtlinien vor Augen zu haben. Dazu gehören auch alle Meditationsmethoden, die wir nun schon gehört, praktiziert und wohl teilweise wieder vergessen haben. Solche Wegweiser und Einsichten machen das Leben nicht nur lebenswert, sondern zeigen uns auch, was für eine Bedeutung das Menschsein hat. Es kann bis zum völligen Transzendieren führen, aber erst einmal muss die Menschlichkeit in uns geschaffen werden. Das geschieht erst, wenn wir keinen Teil der Existenz ablehnen. Vielleicht lehnen wir Männer, Frauen, Unannehmlichkeiten, Eltern oder Kinder ab. Es ist ganz gleich, was wir ablehnen, die Menschlichkeit wird erst in uns geschaffen, wenn wir damit ganz aufhören.

Der nächste Schritt ist, dass wir unsere Erwartungshaltung aufgeben und stattdessen Selbstverantwortung übernehmen. Dann verstehen wir auch eines Tages, dass die Menschlichkeit, die wir erst einmal in uns entfalten müssen, dazu da ist, um sie zu transzendieren, um darüber hinaus zu wachsen. Dazu dient der spirituelle Pfad, dafür leben wir das spirituelle Leben, das ist der Sinn der Meditation.

Meditation hängt nicht von einer bestimmten Methode ab. Meditation ist auch kein Hobby, das wir noch in unser Leben einbauen können, damit wir ein bisschen glücklicher werden. Meditation ist ein Teil der Spiritualität, die in jedem von uns zu finden ist und die wir durch Meditation ausbauen und erweitern können, so dass wir von ihr vollkommen ausgefüllt sind. Wir können Meditation nicht als etwas außerhalb von uns selbst betrachten, wie z. B. Garten bebauen, Skilaufen oder Briefmarkensammeln. Die Meditationsmethoden sind natürlich nötig, aber Meditation bedeutet, unser Innenleben zu verändern, bis wir eines Tages dadurch ein ganz anderes Verständnis für die Welt haben.

Meditation führt uns zu dem, was alle spirituellen Meister und Religionsgründer beschrieben haben: Wir halten in Wirklichkeit nur aus Unvernunft und Unwissen an unserer Ichbezogenheit und unseren Begierden fest. Es ist einfach die Begrenzung, die wir uns selbst auferlegen, weil wir die Scheuklappen nicht von den Augen nehmen, um in die Weite zu schauen, wodurch sich Herz und Geist erweitern. Was wir bekommen, ist unwichtig, nur was wir geben, ist bedeutsam.

Dieser kleine Erdball, auf dem wir leben, ist ein winziges Ding, welches im Universum mit unvorstellbarer Schnelligkeit herumsaust. Es herrscht viel *dukkha* auf ihm, welches wir noch vergrößern, wenn wir negativ denken, sprechen und handeln, und dadurch noch mehr davon in die Welt hinauslassen, statt uns um das Gegenteil zu bemühen. Wir könnten uns von allen Bürden befreien, wenn wir die Ichbezogenheit aufgeben und erkennen, dass im Innenleben etwas ganz anderes herrscht als in der Welt. Solange wir mit der Welt draußen beschäftigt sind, können wir nicht innen hinein. Es ist nur möglich, an dem einen oder dem anderen Platz zu sein. Beides zusammen geht nicht, denn sie sind so weit auseinander, wie der Mond, die Sterne und die Sonne von uns entfernt sind.

Draußen ist nichts anderes als eine Manifestation der Existenz, die uns vorgaukelt, das wäre die Welt für uns. Hier drinnen ist die Wahrheit. Wenn wir nicht hineinkönnen, liegt es nur daran, dass wir mit dem, was wir möchten und wollen, wer wir sind, was wir noch nicht haben und mit allen Dingen, die uns im Kopf herumschwirren, zu beschäftigt sind. Es ist ein Jammer, die Zeit nicht dafür zu verwenden, alles Äußere fallen zu lassen und innerlich zu erkennen, dass der Körper, auf den wir so viel Fürsorge verwenden, nur Materie ist. Er bestimmt uns, weil er essen, schlafen, sitzen, liegen, stehen, gehen möchte, hier und dort ein Zipperlein hat, und der Geist andauernd darauf reagiert. Dann würden wir bald sehen, dass er uns immer im Weg sein wird, und es unmöglich ist, den Körper permanent zu befriedigen, wenn wir es noch so oft probieren. Wir probieren es ja schon seit Jahrzehnten und haben es doch nie geschafft.

Genauso unmöglich ist es, den Geist permanent durch die Sinneskontakte zu befriedigen. Wir probieren auch das schon, seitdem wir auf der Welt sind. Es muss uns doch einmal klar werden, dass das einfach nicht geht, denn so ungeschickt sind wir doch nicht, dass wir bei allen unternommenen Versuchen die permanente Befriedigung so total verfehlt hätten. Es muss doch möglich sein, das einmal ganz klar zu sehen. Dann können wir uns darüber hinwegsetzen, dass Körper und Geist von außen befriedigt werden wollen und damit anfangen, die Befriedigung endlich einmal innen zu suchen. Was sucht denn eigentlich jeder? Bestimmt nichts anderes als inneren Frieden. Glaubt irgendjemand, dass wir ihn bekommen können, wenn der Körper befriedigt ist oder wenn die Sinneskontakte angenehm sind? Sollte es immer noch jemand glauben, dann müsste das nochmals untersucht werden. Innerer Frieden ist Innenleben, und dieses ist nur zu finden, wenn wir das Außenleben zeitweilig loslassen, mit der Kraft der Überzeugung, des Willens, des Überwindens dahinter und nicht mit der Schwäche des Habenwollens. Wer etwas haben will, ist ein Bettler. Wer etwas geben will, ist ein König. Wir haben die Wahl.

~ ☸ ~

Ayya Khema im Buddha-Haus, 1993.

Dukkha als unser Lehrmeister

Vortrag aus der Festschrift „Erkennen nicht tadeln, ändern"

Die Vergänglichkeit manifestiert sich überall, auch in uns selber. Das zweite Daseinsmerkmal, *dukkha*, (die Unzulänglichkeit, die Unerfülltheit, das Nichtzufriedenstellende) zeigt sich auch überall und im Allgemeinen halten wir *dukkha* für etwas störend. Wir haben Reaktionsmuster, mit denen wir ihm begegnen. Das erste und beliebteste ist, dass wir jemand dafür verantwortlich machen: Irgendjemand hat Schuld, dass wir jetzt nicht zufrieden sind, dass etwas geschieht, das uns nicht angenehm ist. Da es in der Welt so viele Menschen, Geschehnisse und Ereignisse gibt, ist es ganz einfach, immer einen Sündenbock zu finden. Wenn wir eines Tages mit dem Praktizieren anfangen, dann wird uns klar, dass diese Methode weder funktioniert noch einen Sinn hat.

Dann haben wir immer noch andere Möglichkeiten, damit umzugehen, die auch alle recht beliebt sind. Eine davon ist, sich so schnell wie möglich räumlich von dem Unangenehmen zu entfernen. Wenn wir z.B. jemand kennenlernen, der uns nicht gefällt, wollen wir mit dem Menschen nichts zu tun haben, denken überhaupt nicht weiter darüber nach, was dahinterstecken könnte, sondern wollen einfach weg. Da die Welt aber voll ist mit Dingen, die uns nicht gefallen – die überall gegenwärtige Vergänglichkeit gefällt uns ja auch nicht – so nehmen wir ständig eine Fluchthaltung ein. Diese Fluchthaltung ist immer mit Angst verbunden und nie mit innerem Frieden. Wenn wir auf der Flucht sind, müssen wir Angst haben. Diese Ängstlichkeit, die in jedem Menschen steckt, ist immer auf die Existenzangst zurückzuführen. Einmal haben wir Angst, dass das, was wir unbedingt festhalten wollen, wohl zerbrechen wird. Zweitens wollen wir vor dem, was uns nicht gefällt, die Flucht ergreifen, indem wir uns körperlich entfernen, oder wir können uns auch ablenken. Das ist eine andere Art von Flucht. Die Ablenkungsmanöver, die wir zur Verfügung haben, sind unzählig. Allein die Bücher, die uns davon ablenken, was wirklich in uns vorgeht, sind nicht mehr zu zählen. Das ist nur ein einziges Beispiel, wir haben dann noch Radio, Fernsehen, Telefon und vor allen Dingen das allerbeliebteste Ablenkungsmanöver: sich zu unterhalten. Das kostet überhaupt nichts und ist immer möglich. Es ist die einfachste Möglichkeit, nicht feststellen zu müssen, dass *dukkha* in uns sitzt und überhaupt nichts mit den Dingen um uns herum zu tun hat.

Wenn wir zur Ruhe kommen, dann merken wir vielleicht in uns ein Gefühl der Unerfülltheit oder eine innere Bewegung, die sich äußern will. Was machen wir damit? Statt es zu untersuchen und kennenzulernen, versuchen wir äußerlich etwas zu finden, dass diese innere Leere erfüllen soll, das heißt, wir geben unserer Unruhe und Rastlosigkeit nach. Wir haben immer diese Möglichkeiten und ergreifen sie auch, um nicht in uns hineinschauen zu müssen. Da im täglichen Leben alles ziemlich schnell abläuft und wir häufig Verpflichtungen haben, denen wir nachkommen müssen, so ist der Geist ständig in Aufruhr. So wie es ist, gefällt es ihm nicht, aber er hat keine Zeit, den Grund dafür herauszufinden, und so muss er etwas unternehmen, um schnell davon wegzukommen. Andere Menschen haben genauso viel *dukkha* wie wir selber. Es ist vollkommen nutzlos, sie zu beschuldigen. Auch die politischen Systeme anzuklagen, ist genauso sinnlos.

Als der Buddha noch der Prinz Siddhartha war, hat er eines Tages von dem Palast aus eine Ausfahrt gemacht. Dabei sah er einen sehr alten, gebrechlichen Menschen, einen sehr kranken Menschen und einen Toten. Bei dieser Gelegenheit hat er das unvermeidliche Leiden der Menschheit gesehen und statt sich schnell abzuwenden oder zu denken: „Wenn dieser Mann besser auf sich aufgepasst hätte, wäre er nicht so krank geworden“, hat er den Entschluss gefasst, die Ursache dieses *dukkhas* zu entdecken und auch den Weg aus diesem Leid heraus. Da der Buddha die Ursache des Leids und den Weg herausgefunden hat, brauchen wir nur noch den Anweisungen zu folgen. Da wir aber ständig mit *dukkha* beschäftigt sind, müssen wir auch ständig den Anweisungen folgen. Das ist natürlich leichter gesagt als getan.

Sechs Jahre zog sich der spätere Buddha in den Wald zurück, um zu praktizieren. Als er dann unter dem berühmten Bodhi-Baum im heutigen Bodhgaya saß und die Vertiefungen von der ersten zur achten und zurück von der achten zur ersten geübt hatte, beruhigte sich sein Geist vollkommen. Es ging ihm die Erkenntnis auf, was dieses *dukkha* bedeutet und wie wir herauskommen können. Er formulierte dies in den vier Edlen Wahrheiten.

Die erste besagt, dass *dukkha* existiert: das Unerfülltsein, die Unzufriedenheit, aber auch alle Schwierigkeiten des menschlichen Daseins, in dem Krankheit, Verfall und Tod unausweichlich sind. Sechs Jahre vorher hatte er das *dukkha* richtig verinnerlicht und sich auf die Suche nach einem Ausweg gemacht.

Die zweite Edle Wahrheit sagt, dass es nur einen einzigen Grund für unser *dukkha* gibt: die Begierde. Im Allgemeinen verstehen wir darunter das Habenwollen (Gier) oder das Loswerdenwollen (Hass), doch Begierde ist noch tiefgreifender.

Begierde heißt auf Pali *tanhā* und ist im Prinzip *bhavatanhā*, was Daseinstrieb oder Daseinsbegierde bedeutet, die im Grunde unser *dukkha* ausmacht. Wir wollen nicht nur hier sein, sondern hier bleiben. Keiner soll uns erschießen, keiner soll uns körperlich oder emotional wehtun. Diese Begierde hat uns zur Geburt geführt und daher in der Folge zu Krankheit, Verfall und Tod. Denn was geboren wird, muss verfallen und sterben, anders ist es nicht möglich. Das ist selbstverständlich und klar, und dennoch hat es das spirituelle Genie des Buddha gebraucht, um uns zu zeigen, dass wir solange *dukkha* haben, wie wir diese Daseinsbegierde haben und dadurch das „Ich" jeden Augenblick neu zur Geburt bringen. Erst wenn das nicht mehr geschieht, dann gibt es kein *dukkha* mehr.

Diese Erklärung der Begierde, der Begierde des „Ich-Seins", des „Hier-Seins", können wir erleben, wenn wir auf uns aufpassen und nicht alles, was in uns und um uns herum geschieht, für selbstverständlich halten; es soll angenehm für uns sein und wenn es unangenehm ist, soll es schnell wieder verschwinden. Solange wir mit diesen Ideen arbeiten, können wir nie die Wahrheit erkennen. Je mehr Angst wir haben, desto weniger können wir die Wahrheit erkennen, denn Angst paralysiert, in diesem Fall nicht den Körper, sondern den Geist. Alle Ängste sind darauf zurückzuführen, dass ich „sein" will, „hier sein" will und „hier bleiben" will. Jeder weiß, dass das ein vollkommen unrealistischer Wunsch ist, der nicht erfüllt werden kann. Jeder, der gelebt hat, ist gestorben. Jeder, der jetzt lebt, wird sterben. Der Wunsch sich mit dieser Begierde abzugeben, ist Zeit und Energieverschwendung, ist selbstgeschaffenes *dukkha*, und dennoch macht es jeder.

Es ist viel innere Arbeit nötig, um diese Begierde loszuwerden, aber dann werden wir auch alle Angst los. Die Angst ist recht stark, da die Vergänglichkeit unausweichlich ist, und jeder will sich daher irgendwie behaupten, bevor alles auseinanderfällt. Daher identifizieren wir uns mit allem: Frau, Mann, Mutter, Vater, Tochter, Sohn, klug, dumm, schön, hässlich, dick, dünn, reich, arm und so weiter. Je mehr wir „haben", desto mehr glauben wir, wir könnten „sein", da wir mehr Dinge zum Identifizieren haben. Wir glauben dann, dass wir Sicherheit gefunden haben. Jeder versucht so, dieser Angst etwas entgegenzuarbeiten. Wir wissen ganz genau, dass wir nie so bleiben können, wie wir jetzt sind. Diese Angst bringt uns auch häufig dazu, die absurdesten Dinge zu tun, die uns im Nachhinein selber unverständlich sind. Manche Menschen bringt sie sogar dazu, Verbrechen zu begehen.

Nachdem der Buddha die Ursache für unser *dukkha* gefunden hatte, hat er auch einen Weg heraus gezeigt. Die Ursache ist ein unrealistischer Wunsch, nämlich etwas haben zu wollen, was es nicht gibt. Es ist nicht nur ein Wunsch, nicht nur eine Begierde, sondern wir sind damit vollkommen durchsetzt. Wir brauchen uns nur einmal vorzustellen, wie wir reagieren würden, wenn uns jemand jetzt das Leben nehmen wollte. Wie würden wir reagieren, wenn uns jemand erzählt, dass wir dumm, hässlich und ekelhaft sind? Das passt uns überhaupt nicht, da wir diese starke Begierde der Ich-Behauptung haben. Die stärkste Begierde ist der Überlebensdrang, aus dem auch das sexuelle Begehren hervorgeht und sich als Überleben der Art manifestiert.

Diese Begierden sind so stark und tief in uns verankert, dass wir sie gar nicht wahrnehmen, denn dazu müssten wir uns selber genau erkennen. Wir können uns nur in einem Spiegel sehen, aber im Allgemeinen interessiert uns das gar nicht. Wir wollen nur recht sicher über die Runden kommen und gar nicht so genau wissen, wie wir aussehen. Es scheint uns nicht angenehm und außerdem etwas gefährlich zu sein, weil wir unterschwellig ganz genau wissen, dass durch das wirkliche Hinschauen und Erkennen all das, was wir bis jetzt geglaubt haben, wie ein Kartenhaus zusammenfallen wird. Wir haben so viele Jahre gebraucht, um dieses Kartenhaus recht hübsch aufzubauen, daher gefällt uns überhaupt nicht, dieses Gebilde jetzt zusammenstürzen zu lassen.

Wenn das *dukkha* so stark ist, dass wir etwas unternehmen müssen, dann besteht die Möglichkeit, dass wir wirklich hinschauen. Dann hören wir einmal damit auf, andere verantwortlich zu machen oder uns – vielleicht durch Studium, mehr Wissen, durch viele Reisen – abzulenken. Erst wenn diese Ablenkungsmanöver nicht funktioniert haben und *dukkha* so unangenehm wird, dass irgendetwas geschehen muss, dann suchen wir einen Weg heraus. Nur wenige erkennen wirklich, dass auf der weltlichen Ebene kein Ausweg zu finden ist. Gelingt es uns, dies selbst zu erfahren, dann sehen wir in uns das ständige Sein-, Bleiben- und Werdenwollen. Es ist gar nicht genug, dass wir schon sind, nein, wir wollen auch noch etwas werden. Vielleicht wollen wir ein ganz erstklassiger Meditierender werden oder ein besonders weiser Dhammalehrer. Wir wollen irgendetwas werden. Es genügt nicht, etwas zu sein, wir wollen bleiben und werden.

Durch diese Begierden, die wir in uns spüren, üben wir natürlich Druck auf uns aus. Dieser Druck wird so zur Gewohnheit, dass wir gar nicht mehr wissen, wie es ohne ihn sein könnte. Weil uns dieser Druck immerzu irgendwo hintreibt, so wird es immer schwieriger, zu erkennen, dass auf der weltlichen Ebene *dukkha* immer bleiben wird, ganz egal wie nett wir es zeitweilig zu Hause haben. Alles liegt auf derselben Ebene des Sein-, Werden- und Bleibenwollens. Das ist der Ursprung und der Grund unseres *dukkha*. Da es uns unmöglich ist, diese Wünsche zu erfüllen, kommen wir nicht eher aus dem *dukkha* heraus, bis wir diese Wünsche aufgegeben haben. Haben wir diese Wünsche aufgegeben, so bedeutet das, dass wir die Welt durchschaut haben; dazu gehört allerdings viel Übung, um immer wieder zu erkennen, was in der Welt wirklich vor sich geht. Es bedeutet, dass wir die Welt als eine Manifestation im Universum erkennen, als eine Existenz, deren Materie aus Elementen besteht und genauso dem Verfall untertan ist wie wir selber.

In der Natur, die oberflächlich so wunderhübsch ist, findet ein ständiger Kampf zwischen dem Stärkeren und dem Schwächeren statt, ein ewiger Krieg ums Überleben, um genug Nahrung zu finden. Bei uns ist es nicht anders. Wollen wir die Welt durchschauen? Im Allgemeinen sagen wir: „die wunderschönen Herbstfarben und solche schönen, schneebedeckten Berge, ..." Aber was ist dahinter? Und genauso bei uns: hübsche Menschen, ganz intelligent, leben in einer wohlhabenden Gesellschaft, es geht ihnen großartig. Wirklich? Stimmt das? Auf einer Ebene schon, aber auf der anderen? Geht es uns großartig? Wozu wollen wir dann meditieren? Damit es uns noch großartiger geht? Wollen wir uns wirklich einmal die Mühe machen, zu uns selber ehrlich zu sein, ganz ehrlich und niemanden dafür beschuldigen, dass wir nicht von morgens bis abends wunderbar friedlich und glücklich sind? Keiner ist Schuld daran. Nichts. Keine Ideologie, kein

Partner, kein politisches System, kein Wetter. Wie geht es mir eigentlich? Wenn wir ehrlich zu uns sind, dann sehen wir, dass irgend etwas ständig nicht stimmt. Wir versuchen zwar, es stimmig zu machen, aber haben wir es je geschafft? Oberflächlich sieht vieles sehr schön aus, aber in allem steckt diese Begierde des Seins, des Bleibens, des Werdens, die niemals zu befriedigen ist. Wir können nicht bleiben und auch nicht werden. Es ist alles so, wie es ist.

Daher hat der Buddha, nachdem er die Ursache für *dukkha* erklärt hat, gesagt, dass es die Möglichkeit der Erlösung davon gibt, nämlich *nibbāna*, die dritte Edle Wahrheit.

Der Weg dorthin ist die vierte Edle Wahrheit, der Edle Achtfache Pfad, der mit der Rechten Ansicht anfängt und auch damit aufhört. Die Rechte Ansicht oder die Rechte Sicht ist eine ganz andere als wir haben. Wenn Geburt geschieht, ständige Geburt des „Ichs" in jedem Moment und der Körper geboren wurde, so müssen Krankheit und Tod eintreten. Bei jedem Menschen gibt es die Begierde, dass diese letzteren nicht geschehen sollen, und das führt zu *dukkha*. Was ist die Antwort? Keine Geburt. Das bedeutet aber nicht, dass wir deswegen gleich sterben müssen. Es bedeutet aber, dass wir die „Ich-Illusion" nicht mehr zur Geburt bringen. Wenn nämlich keine „Ich-Illusion" da ist, dann ist niemand da, der leiden kann.

Der Buddha hat es so ausgedrückt:

„Es gibt die Tat, aber keinen Täter.
Es gibt Leid, aber keinen Leidenden.
Es gibt den Pfad, aber keinen, der ihn beschreitet.
Es gibt nibbāna, aber keinen, der es erreicht.“

Es hört sich wie ein Paradox an, aber es bedeutet nur, dass unser ganzes *dukkha* durch die Vorstellung kommt, dass wir „jemand“ seien. Solange wir dies glauben, wollen wir, dass „jemand“ dableibt. Dieser „Jemand“, der dableiben soll, schafft es nie. Wir haben uns also von vornherein einer verlorenen Sache hingegeben. Auf dem Weg, dieser verlorenen Sache irgendwie Realität zu verleihen, fallen wir von einer Schwierigkeit in die nächste. Wir denken, dass irgendein Mensch, den wir „mein“ nennen können, die Sache für uns in Ordnung bringen könnte oder irgendein Lehrer oder eine Ideologie oder ein Besitztum und so weiter. Wenn wir aber das erreicht haben, was wir wollten, so hat sich überhaupt nichts geändert. Es ist alles so, wie es immer war. Wir haben viele Annehmlichkeiten und doch bleibt diese Unruhe; wir spüren, es fehlt etwas.

Natürlich glaubt jeder, der sich damit noch nicht beschäftigt hat, dass das eine Katastrophe ist, kein „Ich“ zu haben. In Wirklichkeit ist es die einzige Möglichkeit, Glück und inneren

Frieden zu finden. Allerdings geht es leider nicht, indem wir sagen: „Ah, das hört sich gut an, da gebe ich mal schnell das ‚Ich' auf." Derjenige, der sagt, dass er das „Ich" aufgeben will, ist ja das „Ich". Es gehören viele Schritte der Einsicht dazu, zunächst, dass wir, genau wie der Buddha, *dukkha* als unseren Lehrer benutzen.

Der Buddha hat das *dukkha* von drei Menschen gesehen und ist ausgehend von dieser Lernsituation zum Praktizieren übergegangen. Dann hat er erkannt, wie es möglich ist, diese unerfüllbare Begierde loszuwerden. Das erste, was wir machen können, ist überhaupt einmal zu erkennen, dass wir einer unerfüllbaren Begierde zum Opfer gefallen sind, und wie wir uns tagtäglich bemühen, diese Begierde irgendwie zu besänftigen. Es dauert eine Weile bis wir diesen Vorgang deutlich erkennen. Dann bemerken wir auch sehr schnell, dass nicht ein einziges dieser Manöver uns je voll befriedigt hat. Es gab immer Anzeichen dafür, dass unsere Unternehmungen etwas bringen werden, doch am Ende haben wir genauso dagestanden wir vorher, weil diese Begierde nicht zu befriedigen war.

Wir können also jegliches *dukkha*, das uns zustößt – sei es klein, mittel oder groß – herzlich willkommen heißen, anstatt es widerwillig abzulehnen. Wir können es als unseren Lehrer begrüßen, von dem wir Neues erfahren können. Es ist nicht gekommen, um uns zu betrüben. Wenn wir dem *dukkha* gegenüber diese Haltung haben, dann werden wir auch etwas lernen und recht bald dankbar dafür sein. Vielleicht haben wir etwas verloren, was wir unbedingt behalten wollten, oder ein Mensch, der „mein" war, ist nicht mehr „mein", oder der Körper, der „mein" sein soll, funktioniert nicht mehr so, wie er funktionieren sollte, oder was immer es sei. Diese Schwierigkeiten sind unsere Lehrmeister und das Erkennen der Lektion bringt Dankbarkeit hoch.

Es gibt überhaupt nur einen wirklichen Lehrer, und das ist *dukkha*. Wenn wir einem anderen Lehrer genug vorjammern und sagen: „Es geht mir so schlecht und ich fühle mich gar nicht gut und ich möchte nun endlich nach Hause gehen", so wird dieser dann antworten: „Es tut mir leid. Dann musst du eben nach Hause gehen, wenn du dich nicht gut fühlst." Wenn wir das dem *dukkha* erzählen: „Ich fühle mich nicht gut und es gefällt mir hier eigentlich gar nicht und ich möchte furchtbar gern nach Hause gehen", dann wird *dukkha* sagen: „Na gut, geh' nur, aber ich komme mit." Es ist der einzig verlässliche Lehrer, den wir haben. Er bleibt solange da, bis die Ursache für das *dukkha* verschwunden ist. Dieses *dukkha* muss nun nicht gleich eine Tragödie mit tiefem, innerem Schmerz sein. Es reichen die innere Unruhe, dieses Unerfülltsein, die Ängste, wie wir sie auch nennen wollen. Wir befürchten, das nicht leisten zu können, was wir glauben leisten zu müssen oder nicht anerkannt zu werden. Oder wir haben Angst vor der Zukunft, dass wir nicht genug Geld haben werden, nicht gesund bleiben und so weiter. Jeder trägt dieses *dukkha* schon so lange mit sich herum, dass wir durch diese Gewohnheit es häufig nicht mehr untersuchen, bis es dann doch einmal überhandnimmt. Es wird stärker, scheint einen ganz einzunehmen und dann befragen wir es, doch leider nur oberflächlich: Wieso fühle ich mich denn nicht gut? Ach bestimmt, weil ich Husten habe. Oder bestimmt, weil meine Nachbarn so unfreundlich sind. Oder bestimmt, weil mich mein Partner überhaupt nicht versteht und so weiter. Damit geben wir uns zufrieden und fragen nicht weiter. Aber ist das wirklich zufriedenstellend? Kann ich die Nachbarn oder den Partner ändern? Es wäre doch viel angebrachter, dass wir – wie uns der Buddha gezeigt hat – der Ursache auf den Grund gehen.

Der Buddha hat gesagt, es gibt vier verschiedene Arten Menschen. Die erste Sorte braucht nur das Wort „*dukkha*" zu hören und sich dessen Bedeutung vorzustellen, dann beginnen sie schon zu praktizieren. Die nächste Sorte muss das *dukkha* sehen; so wie der Buddha Krankheit, Alter und Tod gesehen, und dann sofort seine Konsequenzen gezogen hat. Dann gibt es Menschen, die bei ihren Familienmitgliedern *dukkha* sehen und mit ihnen mitleiden, was sie zum

Praktizieren antreibt. Dann gibt es die vierte und häufigste Sorte, die selber so viel *dukkha* haben, dass sie irgendetwas unternehmen müssen.

Im Prinzip ist es egal, wieso wir anfangen zu praktizieren, obwohl es natürlich viel besser wäre, wenn wir schon beim ersten Mal, wenn wir nur hören, dass Menschen unglücklich sind, sofort etwas unternehmen würden, aber das ist sehr selten. Im Allgemeinen müssen wir selber erst *dukkha* erleben, sodass wir keine Ausflüchte mehr machen können. Wenn wir es wirklich untersuchen, dann sehen wir immer wieder, dass es nicht allein um das körperliche Überleben geht, was ja sowieso vollkommen ausgeschlossen ist, sondern um die andauernde Ego-Unterstützung. Wenn jemand sich nicht bereiterklärt, unser Ego zu unterstützen, dann haben wir einen guten Grund, diesen Menschen vollkommen abzulehnen. Dabei wäre es sogar möglich, dass derjenige die Wahrheit gesagt hat und wir sehr viel daraus lernen könnten. Aber wir sind dieser Begierde nach Anerkennung, jemand zu sein, etwas zu werden, hier zu bleiben, so stark verfallen, dass die kleinste Ego-Ablehnung uns sofort unglücklich macht. Wir können überhaupt nicht erkennen, was geschehen ist.

Durch Achtsamkeit auf unsere Gedankeninhalte und Emotionen könnten wir uns aber selber kennenlernen; dann sehen wir, warum wir reagieren. Wenn wir uns dann die Einsichten nach und nach erarbeiten, so merken wir ganz deutlich, dass jegliches *dukkha*, das uns befällt, nicht nur ein Lehrmeister, sondern auch Ursache und Wirkung ist. Vielleicht erinnern wir uns nicht mehr an die Ursache und können sie auch nicht mit der Wirkung zusammenbringen, aber wir wissen dennoch, es kann nur Ursache und Wirkung sein, da wir vollkommene Selbstverantwortung für alles, was uns geschieht, übernommen haben. Dann sind wir auch in der Lage, ganz ehrlich zu uns zu sein. Bis dahin überschüttet uns die Angst so sehr, dass von Ehrlichkeit nicht die Spur sein kann, weil die Angst den Geist vollkommen einnimmt.

Wenn wir erkennen können, dass es auf dieser Welt keine Möglichkeit gibt, ohne *dukkha* zu leben, kommt etwas Ernüchterung hinsichtlich der Welt, was ein großer Einsichtsschritt ist. Mit der Ernüchterung hinsichtlich der Welt kommt etwas mehr Gleichmut, der uns hilft, nicht immer die Anerkennung von außen zu suchen. Wir brauchen nicht mehr ständig bestätigt zu bekommen, dass wir da sind. In dem Moment, wo wir wissen, dass Dasein *dukkha* bedeutet, brauchen wir auch nicht mehr darunter zu leiden.

Die Erleuchtungserklärung des Buddha handelt sich um *dukkha*, daher wird sehr häufig fälschlich angenommen, dass seine Anweisungen immer wieder zum Leid hinführen. Es ist genau das Gegenteil. Wenn wir unsere Erwartungshaltung aufgegeben haben, dass in der Welt alles einmal für uns in Ordnung kommt, uns nichts mehr passieren kann, dann leiden wir nicht mehr unter Enttäuschungen, wenn es nicht so ist. Dann sehen wir *dukkha* als universelles Daseinsmerkmal und fühlen uns nicht mehr persönlich von dem Leid angegriffen. Wir wissen, dass es jeder hat, nur unter anderem Namen. Wir fühlen uns nicht mehr alleine betroffen, sondern es ist einfach eine allgemeine Tatsache, genau wie das Wetter eine Gegebenheit ist. Jeder bekommt dasselbe Wetter, der in derselben Gegend wohnt. Ist das ein Grund zum Leiden? Nein, so ist eben das Wetter. Genauso bräuchte niemand unter dem herrschenden *dukkha* zu leiden.

Dukkha ist eines der drei Merkmale des Universums, weil alles Existierende geboren wurde und sterben muss. Dadurch allein entsteht schon die Reibung, die *dukkha* ausmacht. Unerfülltsein ist das Merkmal jedes unerleuchteten Menschen. Wenn wir dies wissen, brauchen wir nicht darunter zu leiden.

Wir müssen einmal ganz klar und deutlich erkennen: Wieso haben wir *dukkha*? Was begehren wir? Warum begehren wir es? Ist diese Begierde wirklich sinnvoll? Oder bringt sie nur neues *dukkha*? Warum wollen wir uns selber dadurch unglücklich machen? *Dukkha* ist vollkommen verschwunden, wenn jede Begierde fallengelassen wird. Das können wir auch über kurze Zeit erleben, wenn wir in einer friedlichen Meditationsvertiefung sind und anschließend merken, dass die Bedingung dafür die Wunschlosigkeit war. Wenn wir durch das Betrachten und Erkennen von *dukkha* zur Freiheit gelangen wollen, so gehen wir durch das Tor der Wunschlosigkeit, was zwar friedlich, aber keineswegs langweilig ist. Dieses Tor der Wunschlosigkeit können wir natürlich nur sehen und finden, wenn wir erkannt haben, dass all unser Begehren auf einem unerfüllbaren Wunsch beruht und zweitens, dass wir schon so viele Wünsche erfüllt bekommen haben und trotzdem immer noch nicht zufrieden sind. Wann können wir damit aufhören? Wir können nicht mit Gewalt verhindern, dass wir Wünsche haben, da die Begierde zu „sein" und zu „bleiben" viel zu stark ist. Aber wir sind in der Lage, diese Begierden immer wieder in uns zu erkennen, das damit verbundene Leid zu sehen und immer wieder loszulassen.

Der erste Schritt liegt in der Selbstbeobachtung und Selbsterfahrung, und der zweite ist, *dukkha* zu begrüßen und der dritte ist zu erkennen, dass es universell ist. Niemand hat ein Monopol auf *dukkha*. Durch dieses Erkennen ist es auch viel einfacher, Mitgefühl und Zusammengehörigkeit zu empfinden, die Isolation, die Ängste und Gefahren zu überwinden.

Die Natur kann uns dabei auch helfen. Wir können z.B. einmal die Vögelchen beobachten und nicht nur sehen, dass sie hübsche Federn haben, niedlich aussehen und schöne, trillernde Stimmen haben, sondern wie sie sich verhalten. Sie schauen sich ständig um, ob sie irgendetwas bedroht. Sie stehlen sich auch immer gegenseitig das Futter. Sie haben andauernd Angst. Schaut euch die Ebene einmal an, auf der die Vögelchen wirklich leben, und seht es nicht nur so, als würde alles wunderschön und heil sein.

Diese Einsichtsschritte durch *dukkha* sind eine große Hilfe und werden uns motivieren, uns noch mehr mit dem Weg, den der Buddha aus dem Leid heraus gewiesen hat, zu beschäftigen. Den Körper brauchen wir dabei nicht aufzugeben, sondern „nur" die Ich-Illusion.

~ ☸ ~

Ayya Khema in der Metta Vihara, 1997.

Getanes und Ungetanes

Ihr letzter Vortrag am 4.10.1997 im Buddha-Haus Allgäu

Die Lehrrede, die hier besprochen wird, behandelt *Karma* und Wiedergeburt. Dies sind Themen, womit sich viele Menschen beschäftigen, auch wenn sie bis jetzt noch nichts von der Lehre des Buddha gehört haben. Die Fragen dazu sind nur zu beantworten, wenn wir uns einer Lehre annähern, die sich mit diesen Themen auseinandersetzt. *Karma* und Wiedergeburt betrifft jeden von uns, da das unser Leben ist, und ist auch für jeden von Interesse. Die Lehrrede heißt *Getanes und Ungetanes* und beginnt folgendermaßen:

> „Einst begab sich Janussoni, der Brahmane, dorthin, wo der Erhabene weilte. Dort angelangt, wechselte er mit dem Erhabenen einen freundlichen Gruß, und nach Austausch höflicher, zuvorkommender Worte setzte er sich zur Seite nieder. Zur Seite sitzend, sprach Janussoni, der Brahmane, zum Erhabenen also ..."

Der Erhabene bedeutet der Buddha, und Janussoni ist der Name eines Brahmanen, der häufig in den Lehrreden des Buddha vorkommt und Fragen stellt. Er ist ein Brahmane, was zu Zeiten des Buddha und auch genauso noch heute die höchste Kaste ist, die Priesterkaste. Es bedeutet nicht, dass jeder Brahmane Priester wird, aber dass jeder Priester Brahmane ist. Diese Kaste hat Zugang zu einer besseren Bildung und ist somit privilegiert. Janussoni war zu der Zeit, als er zum Buddha spricht, kein Schüler von ihm. Er ist gekommen, um den Buddha etwas zu fragen. Fast alle Lehrreden sind Antworten auf Fragen, denn der Buddha hat nie missioniert, sondern nur Fragen beantwortet. Die Frage lautet:

> „Was ist wohl, Herr Gotama, die Ursache, was ist der Grund, dass da einige Wesen bei der Auflösung des Körpers, nach dem Tode, in niederer Welt erscheinen, auf einer Leidensfährte, in Daseinsabgründen, in einer Hölle?"

Wenn wir die Worte „Himmel" und „Hölle" hören und, dass wir dort wiedergeboren werden können, dann sträubt sich der aufgeklärte, westliche Geist dagegen. Aber die Worte bedeuten nicht das, was man uns als Kinder darüber erzählt hat und wir mittlerweile abgelegt haben, sondern sie sind eine Bezeichnung. Worte sind statische Konzepte und im ganzen Universum gibt es nichts Statisches, denn alles fließt. Bei den

Worten „Daseinsabgründen“, „Leidensfährte“ und „Hölle“ brauchen wir uns nur die verschiedenen menschlichen Wiedergeburten anzusehen.

Zum Beispiel gibt es Hunderte von Kindern, die in Bombay unter einem Stück Plastik geboren werden und zeit ihres Lebens nicht von diesem Stück Plastik als Heim wegkommen. Der Unterschied zwischen dem, wo wir uns gerade befinden, und einem solchen Leben in Bombay ist der Unterschied zwischen Himmel und Hölle. Es gibt auch Wiedergeburten, bei denen der Körper nicht in Ordnung ist und das ganze Leben beeinträchtigt, was unvergleichlich viel unangenehmer ist, als mit einem völlig intakten Körper wiedergeboren zu werden.

Mit dem Wort „Wiedergeburt“ haben auch einige Menschen Schwierigkeiten, aber wir können uns ja auf das Wort „Geburt“ beschränken, denn wir sind ja alle geboren worden, sonst wären wir nicht hier. Derjenige, der geboren wurde, den wir mit „Ich“ bezeichnen, mit dem wir die ganze Zeit zu tun haben und der im Mittelpunkt unserer Aufmerksamkeit steht, entsteht nur einmal. Bei der Wiedergeburt – vorher oder nachher – entsteht zwar jemand ähnliches, aber nicht der Gleiche. Vielleicht können wir es mit folgendem Beispiel besser verstehen: Wenn die Rosen verblühen, die wunderschön waren und an denen wir uns erfreut haben, schneiden wir sie ab und legen sie auf den Kompost, der im Frühjahr auf die Beete verteilt wird, und an den Rosenstöcken blühen neue Rosen, aber es können nicht die Gleichen sein. Es gibt nur die Verwandtschaft der Gattung und der Farbe und sie werden genährt von den alten Rosen.

Bei der Wiedergeburt entsteht weder der Gleiche noch ein ganz Anderer, die Wahrheit liegt in der Mitte, wie der Buddha gesagt hat. Vielleicht können wir uns das mit etwas Fantasie vorstellen. Wenn diese Rosen guten Kompost ergeben, so können wir uns vielleicht vorstellen, dass daraus wieder schöne Rosen entstehen. Aber wenn der Kompost mit Dingen durchsetzt ist, die dem Wachstum der Rosen schaden, so kommen keine schönen Rosen.

Das ist eine weitere Verwandtschaft mit der so genannten Wiedergeburt oder auch nur Geburt. Der Brahmane Janussoni möchte also wissen, wieso man in äußerst unangenehmen Situationen wiedergeboren werden kann, was aber nicht das ganze Leben so bleiben muss. Eine solche Situation können wir als „Höllendasein" bezeichnen, was wir uns mit genügend Fantasie und aus der Erinnerung an Geschichten aus Büchern und Zeitungen vorstellen können. Es werden nicht alle Menschen in hübschen Einfamilienhäusern, in denen alle elektrischen Geräte vorhanden sind, geboren, sondern es gibt viel mehr Geburten in materiell schlechteren Situationen.

Die Antwort des Buddha darauf lautet:

„Wegen des Getanen, Brahmane, und wegen des Ungetanen erscheinen da einige Wesen bei der Auflösung des Körpers, nach dem Tode, in niederer Welt, auf einer Leidensfährte, in Daseinsabgründen, in einer Hölle."

Hierauf fragt der Brahmane Janussoni weiter:

„Was ist nun aber, Herr Gotama, die Ursache, was ist der Grund, dass da einige Wesen bei der Auflösung des Körpers, nach dem Tode, auf glücklicher Fährte erscheinen, in himmlischer Welt?"

Der Buddha antwortet:

„Wegen des Getanen, Brahmane, und wegen des Ungetanen erscheinen da einige Wesen bei der Auflösung des Körpers, nach dem Tode, auf glücklicher Fährte, in himmlischer Welt."

Der Brahmane Janussoni versteht die Antwort des Buddha nicht und fragt ihn weiter, was sehr tröstlich ist:

„Nicht verstehe ich den ausführlichen Sinn dessen, was der Herr Gotama in Kürze gesagt, aber nicht weiter erklärt hat. Gut wäre es, wenn der Herr Gotama mir die Lehre so darlegte, dass ich des in Kürze Gesagten ausführlichen Sinn verstehe."

Der Buddha ist auch gewillt, das zu tun. Es gab vier Arten, wie der Buddha auf Fragen geantwortet hat. Die erste war, einfach mit „Ja“ oder „Nein“ zu antworten, wenn die Frage derart gestellt wurde. Eine weitere Art war, schon etwas mehr zu erklären, und die dritte Art war, ausführlich zu erklären. Die vierte Art war eine Gegenfrage, wenn die Frage so gestellt war, dass sie zu dem Gesagten nicht gepasst hat. Der Buddha erwidert:

> „So höre denn, Brahmane, und achte wohl auf meine Worte.“ –
>
> „Ja, o Herr!“ erwiderte Janussoni, der Brahmane, dem Erhabenen.

Und der Erhabene sprach also:

> „Da, Brahmane, verübt einer schlechte Tat in Werken, Worten und Gedanken, und gute Tat in Werken, Worten und Gedanken unterlässt er.“

Das bedeutet, das Getane ist schlecht und das Gute unterlässt er, das Gute ist also ungetan. Der Buddha spricht weiter:

> „Insofern nun, Brahmane, erscheinen wegen des Getanen und Ungetanen einige Wesen bei der Auflösung

> des Körpers, nach dem Tode, in niederer Welt, auf einer Leidensfährte, in Daseinsabgründen, in einer Hölle."

Hier erklärt der Buddha *karma*. Um das zu verstehen, müssen wir uns einmal verdeutlichen, was *karma* bedeutet. Hier spricht der Buddha von „Tun in Werken, Worten und Gedanken", was die drei Tore sind, die wir haben, um *karma* zu machen. Durch Gedanken, Worte und Taten machen wir *karma*. *Karma* ist Sanskrit, auf Pali heißt es *kamma* und auf Deutsch: „Wie du säst, sollst du ernten." Das kennen wir alle. *Karma* hat sich in unseren Sprachgebrauch eingebürgert, aber es wird auch oft falsch benutzt, im Sinne von Schicksal, was nicht dasselbe ist. Im Gegenteil, die Bedeutung dieser beiden Worte sind genau entgegengesetzt. Das Wort Schicksal hat die Bedeutung, dass etwas unwiderruflich ist. Zu dem Wort *karma* hat der Buddha immer gesagt: „*Karma*, ihr Mönche, erkläre ich, sind die Absichten." Jeder weiß, dass er seine Absichten täglich, sogar von Moment zu Moment ändert. Das ist aber eine ganz andere Bedeutung als Schicksal.

Was hier angesprochen wird, ist das *karma* im Sinne von Resultat, das wir als Tendenzen bei unserer Geburt mitbringen. Die Menschen haben zwar dieselben Schwierigkeiten und auch dasselbe Potenzial, aber wir haben alle andere Tendenzen, mit denen wir umgehen müssen. Es gibt Menschen, die mit ihren Negativitäten äußerst gut umgehen und sie auch loslassen können, wohingegen andere Menschen gar nicht damit umgehen können und sie immer wieder in dieselbe Falle gehen, weil die Negativitäten zu stark ausgeprägt sind. Indem wir unsere vorherrschende Gemütsstimmung erkennen, können wir unsere Tendenzen erkennen. Im Großen und Ganzen gibt es nur einige wenige Tendenzen. Bei den meisten Menschen sind manche Tendenzen weniger stark ausgeprägt als andere, was unsere *karmischen* Resultate sind.

Der Buddha spricht hier von Ursache und Wirkung. Die Ursache besteht darin, dass man schlechte Taten in Gedanken, Worten und Handlungen verübt hat und die guten Taten unterlassen hat. Daraus resultiert eine ungünstige Geburt. Natürlich kann man sich aus der Ebene, in die man geboren ist, herausholen, aber je schwieriger die Geburt ist, desto schwieriger kommt man da heraus. Je besser die Geburt in jeder Beziehung, je intakter Körper und Geist, die äußeren Umstände und die mitgebrachten Tendenzen sind, desto einfacher wird das Leben und desto besser geht es uns. Da jedes Lebewesen danach sucht, dass es ihm gut geht, so ist es von großer Hilfe, das Gute zu tun.

Bei der Geburt brauchen wir nicht allein an den Moment zu denken, als wir die Welt betreten haben, sondern wir können uns jeden Morgen als neue Geburt vorstellen. An jedem Morgen beginnt ein neuer Tag, so ist es für uns ein Geburtstag für den einen Tag. Am frühen Morgen sind wir noch etwas jünger, wir haben mehr Kraft und der ganze Tag liegt vor uns. An diesem Tag können wir das Leben abrollen lassen und nicht einfach nur mitmachen und reagieren, sondern vielleicht auch einmal in unsere eigenen automatischen Reaktionen eingreifen. Wir greifen sogar in das Weltgeschehen ein, wenn wir in unser eigenes Geschehen eingreifen. Wenn wir es also gerne hätten, dass es uns gut geht – und es wäre absurd, wenn wir dies nicht gerne hätten – dann müssen wir einmal auf die Idee kommen, dass jeder Tag unser ganzes Leben ist und wir selbst Himmel und Hölle fabrizieren. Es gibt Tage, an denen wir in unserem Inneren höllische Reaktionen haben, wie Wut, Ärger, Ablehnung, Neid, Eifersucht, Opfermentalität. Beispielsweise sagt man: „Eifersucht ist eine Leidenschaft, die mit Eifer sucht, was Leiden schafft." Natürlich haben wir noch andere Leidenschaften, die „Leiden schaffen", wir haben sogar ein ganzes Repertoire davon, das wir abspielen. Dabei vergessen wir aber vollkommen, dass dieser eine Tag und diese eine Minute alles ist, was wir haben. Die Vergangenheit hat unsere Tendenzen gebracht und ist die Ursache für unseren jetzigen Zustand, die daraus resultierende Wirkung. Aber das Jetzt ist das einzige wirklich Existierende.

Auf der absoluten Ebene entsteht unsere Wiedergeburt

von Sekunde zu Sekunde. Alles, was wir denken, empfinden und tun, verschwindet sofort und muss neu wieder hergestellt werden, sodass es eine Tatsache ist, andauernd neu geboren zu werden. Um das zu verspüren, brauchen wir außer gut geschulter Achtsamkeit auch die meditative Fähigkeit dazu. Aber um zu merken, dass wir frühmorgens neu geboren werden, brauchen wir weder große Achtsamkeit noch meditative Fähigkeit. Denn das kann jeder, sobald er die Augen aufschlägt. Aber die wenigsten Menschen kommen auf die Idee, dass sie, wenn sie frühmorgens aufwachen, ihr ganzes Leben vor sich haben. Höchstens denken sie an die nächsten 30 Jahre. Wer garantiert uns, dass wir dann noch am Leben sind? Wenn wir morgens die Augen aufschlagen, haben wir unser ganzes Leben vor uns. Diesen einen Tag können wir so gestalten, dass die Wiedergeburt morgens günstig wird, aber das liegt nur an uns. Wenn wir glauben, dass es an den äußeren Umständen liegt, dann haben wir keine Chance, denn die äußeren Umständen sind nie perfekt. Sie sollen meistens besser oder anders sein. Jeder trägt etwas mit sich herum, was er gerne anders hätte.

Wenn wir erkennen, dass wir selbst der Schöpfer unseres Tages sind, dann haben wir eine Möglichkeit, diesen Tag so zu schöpfen, wie wir es gerne hätten. Das heißt also, wie es der Buddha hier so einfach erklärt, die guten Taten in Gedanken,

Worten und Handlungen zu stärken und die schlechten zu unterlassen. Allerdings gibt es dabei auch eine Schwierigkeit. Bei den Werken können wir noch leicht feststellen, was gut oder schlecht ist. Bei den Worten wird es schon schwieriger, denn es ist viel Heuchelei dabei. Bei den Gedanken wird es zur Katastrophe. Deshalb müssen wir als erstes unsere Gedanken untersuchen. Die Formel lautet: Erkennen, nicht tadeln, ändern. Wir müssen erkennen, weshalb wir etwas denken, denn die Gedanken machen bereits *karma* und nicht erst die Handlung. Wir erkennen andere am besten an ihren Worten und Taten und haben uns daher auch angewöhnt, die Worte auf eine Ebene zu bringen, die akzeptabel sein soll, das heißt nicht unhöflich oder aggressiv, sondern liebenswürdig. Dann kann es uns noch passieren, dass diese Worte nicht akzeptiert werden, weil derjenige, zu dem wir sprechen, ganz deutlich spürt, dass unsere Worte nicht wirklich ehrlich sind. Das sind nur Worte, aber wir denken ganz anders, was der andere leicht spüren kann.

Vielleicht haben wir das Glück, dass der andere uns das sagt, sodass wir das untersuchen können und vielleicht den Ego-Trip erkennen, der hinter diesen Worten, also in den Gedanken, steckt. Wenn wir das öfter geübt haben und dann auch immer besser erkennen können, haben wir den Zugang zur spirituellen Läuterung gefunden. Solange wir die eigenen Ego-Trips nicht erkennen können, bewegen wir uns auf der Ebene der mittelmäßigen Allgemeinheit. Außer dem Erleuchteten haben alle Menschen Ego-Trips, die aber jeder erkennen kann, der es möchte und sich damit beschäftigt. Wenn wir sie erkennen, dann leuchtet uns meistens ein, dass das nichts Gutes ist und wir davon Abstand nehmen wollen. Das Erkennen bedeutet natürlich nicht, dass wir das Ego sofort loswerden, aber es ist der Anfang. Die Ego-Trips spielen sich immer auf derselben Ebene ab: „Ich bin wichtig", „Ich bin jemand", „Ich möchte anerkannt werden", „Ich möchte bestätigt werden", „Ich kann es besser", oder auch die umgekehrte Seite: „Ich kann gar nichts", „Ich bin klein und hässlich", was aber ebenso einen Ego-Trip darstellt. Bei dieser umgekehrten Seite brauchen wir noch mehr Unterstützung von anderen, um den Ego-Trip zu erkennen.

Dieser Weg, den die ganze Menschheit einschlägt, ist das Problem, dem wir täglich, von morgens bis abends, gegenüberstehen. Im Allgemeinen dauert es Jahre, bis wir dahinter kommen, und auch Jahre, bis wir etwas damit anfangen können. Aber wenn wir gar nicht erst damit beginnen, dann bleibt alles beim Alten und wir reagieren immer weiter automatisch. Dann gibt es natürlich einige Tage, an denen alles scheinbar gut läuft und keiner etwas sagt oder tut, was uns ärgert. Wie oft passiert das? Wie oft können wir uns abends ins Bett legen ins Bett legen und sagen, dass es großartig ging am Tag? Im Allgemeinen ist es durchwachsen, mal gut, mal schlecht. Jeder sucht genau dasselbe: Anerkennung, wichtig sein, jemand sein, bedeutsam sein, geliebt werden. Wenn alle das Gleiche suchen, dann kann man sich doch nur in die Quere kommen.

Aber es gibt auch eine Alternative. Der Auslöser ist immer der Gedanke. Damit müssen wir etwas unternehmen, dass sich etwas ändern kann. Wir denken von morgens bis abends, eventuell mal eine halbe Stunde nicht, wenn die Meditation funktioniert, was aber nur wenig ist im Vergleich zu den vielen Stunden eines ganzen Tages. Deshalb müssen wir darauf aufpassen, was wir denken und als nächsten Schritt unsere Gedanken erkennen. Am Anfang der Praxis bestätigt jeder, dass die Gedanken in Ordnung seien, weil man sie ja denkt, aber das ist unsinnig. Stattdessen sollten wir uns fragen, wieso wir gerade das denken. Dann sagt der Buddha noch das Gegenteil:

> „Da verübt jedoch einer, Brahmane, gute Tat in Werken, Worten und Gedanken, und böse Tat in Werken, Worten und Gedanken unterlässt er. Insofern nun, Brahmane, erscheinen wegen des Getanen und wegen des Ungetanen einige Wesen bei der Auflösung des Körpers, nach dem Tode, auf glücklicher Fährte, in himmlischer Welt."

Daraufhin erwiderte der Brahmane Janussoni:

> „Vortrefflich, Herr Gotama! Vortrefflich, Herr Gotama! ... so nehme ich meine Zuflucht zum Herrn Gotama, zur Lehre und zur Mönchsgemeinde. Als Anhänger möge mich der Herr Gotama betrachten, als einen, der von heute ab zeitlebens Zuflucht genommen hat."

Jetzt hat er verstanden, was das Getane und das Ungetane ist. Das ist auch wichtig, denn das Ungetane, das Unterlassen des Guten, ist ebenso schädlich für uns wie das Tun des Schlechten. Wenn wir eine Gelegenheit erhalten, und es gibt unendlich viele davon, etwas Gutes zu tun, dann sollten wir diese Gelegenheit sofort ergreifen. Im Gegenteil, wenn wir uns damit beschäftigen und wissen, dass das zum Läuterungsprozess gehört, dann suchen wir die Gelegenheiten, Gutes zu tun. Nun muss das Gute nicht immer auf einer materiellen Basis stehen, sondern wir können Menschen zur Seite stehen, ihnen zuhören und helfen. Es gibt unendlich viele Möglichkeiten, Gutes zu denken, zu sagen und zu tun, dass wir uns nicht mit dem Schlechten aufhalten müssen. Um das Schlechte aufzugeben, ist es am einfachsten, wenn wir das Schlechte mit dem Guten ersetzen, denn unsere Zeit am Tag ist begrenzt. Wenn wir uns während der wachen Stunden am Tag darauf konzentrieren, Gutes zu denken, zu sagen und zu tun, dann müssen wir uns nicht mehr mit dem Schlechten abgeben. Wir sind nicht nur zeitlich sondern auch gedanklich begrenzt, denn wir können nicht beides gleichzeitig tun, das heißt Schlechtes und Gutes gleichzeitig denken.

Natürlich rechtfertigen wir das Schlechte, indem wir die Auslöser beschuldigen. Vielleicht sagt oder tut jemand etwas, oder uns geht es aus körperlichen oder anderen Gründen nicht gut, was dann der Auslöser für das Schlechte ist. Aber das ist gar nicht der Fall, sondern es ist nur die Reaktion auf das Unangenehme; und die ist in uns vorhanden. Aber wir müssen die Auslöser erkennen.

Leider müssen wir uns dabei selbst genau untersuchen und uns nicht mit Oberflächlichkeiten abgeben. Es scheint einfacher, oberflächlich zu sein, nichts tiefgründiges zu denken oder zu untersuchen, sondern einfach nur so dahin zu leben. Ab und zu geht es mal nicht so gut, aber im Allgemeinen geht es irgendwie. Aber in Wirklichkeit ist es gar nicht einfacher, denn es gibt keinen Menschen, der nicht irgendwann vor Schwierigkeiten gestellt wird, die einem unüberwindlich erscheinen, wenn man immer nur oberflächlich war.

Auf jeden Fall werden wir mit unserem Tod konfrontiert, und es gibt auch noch andere Konfrontationen. Wenn man auf dem Totenbett liegt, ist es zu spät, etwas zu ändern, deshalb müssen wir rechtzeitig damit beginnen. Was sind die

Ursachen in uns, die das Schlechte hervorbringen und das Gute in uns verpassen lässt? Wie können wir diese Ursachen ändern und sie zum Guten wenden? So haben wir täglich die Möglichkeit, auf einer glücklichen Fährte zu erscheinen.

Ob wir das Himmel, Paradies oder einfach das Schöne in uns nennen, es ist die Suche nach Vollkommenheit, die jeder in sich trägt, die aber immer wieder außerhalb von einem selbst gesucht wird, wo sie aber nicht zu finden ist. Die Worte „Himmel" und „Hölle" sagen nicht viel aus, da wir uns unter „Himmel" die blaue Sache mit Wölkchen vorstellen und unter „Hölle" irgend etwas unter der Erde, wo es heiß ist. Obwohl wir genau wissen, dass es das nicht sein kann, haben wir durch diese Art und Weise zu denken uns nicht damit beschäftigt oder nur so weit, sagen zu können, dass das nicht stimmt. Himmel und Hölle existieren in unserem eigenen Herzen, wo sie auffindbar und realisierbar sind. Da jeder Mensch den Himmel der Hölle vorzieht, kann er sich damit beschäftigen, das zu realisieren. Dazu müssen wir uns aber ständig und unter allen Umständen damit beschäftigen, egal was wir arbeiten, wo wir uns befinden, mit wem wir zu tun haben, denn der Himmel ist nicht davon abhängig, wer oder was um einen herum ist. Der Himmel und die Hölle sind nur davon abhängig, was in unserem Herzen vorgeht.

Die äußeren Umstände, die immer wieder für das eine oder das andere Auslöser sind, ändern sich auch durch unsere *karmischen* Resultate, was ein interessantes Thema ist. Die *karmischen* Resultate, die wir in diesem Leben durch die Ursachen, die wir in die Wege leiten, bekommen, machen den größten Eindruck auf uns. Die mitgebrachten Tendenzen machen es uns einfacher oder schwerer, aber was in unserem Leben geschieht, ist darauf zurückzuführen, was wir jetzt denken, sagen und tun.

Bei der Geburt frühmorgens haben wir das von gestern und vorgestern mitgebracht, was die Tendenzen sind. Wenn wir von gestern und vorgestern mitgebracht haben, dass wir täglich meditieren, dann werden wir so weitermachen. Wenn wir von gestern und vorgestern mitgebracht haben, dass wir die liebende Güte in uns fördern wollen, dann werden wir auch das weitermachen. Aber wenn wir von gestern und vorgestern mitgebracht haben, dass uns sehr vieles nicht passt und wir äußerst unzufrieden sind, dass kein Mensch wirklich Bescheid weiß, dass uns bloß keiner sagt, was wir tun sollen, dass die ganze Welt am Materialismus zugrunde geht, dann machen wir auch das weiter und schimpfen und sind unzufrieden. Das sind die Wirkungen der Ursachen, die wir in die Wege leiten.

Der Buddha hat häufig von *karma* gesprochen, weil es unsere Unterstützung ist. Solange wir an ein „Ich" glauben und mit einem „Ich" arbeiten, machen wir *karma*. Da wir das alle tun, bringt jeder Gedanke ein *karmisches* Resultat. Es gibt beispielsweise Gelegenheiten, bei denen wir merken, dass unsere Gedanken bei dem anderen überhaupt nicht ankommen. Dann ist eine der Entschuldigungen: „Ich habe es ja nicht so gemeint." Aber das stimmt nicht, denn wir haben es so gemeint, sonst wäre es nicht so rausgekommen. Das einzig Hilfreiche in dem Moment ist, zu untersuchen, wieso wir es so gemeint haben. Vielleicht wollten wir den anderen nicht beleidigen. Diese Untersuchung macht es möglich, zu erkennen, was bei uns „Himmel" und „Hölle" ist. Wir erleben den „Himmel", wenn wir uns selbst vergessen und uns verschenken, und die „Hölle", wenn wir haben wollen, mehr haben wollen oder mehr sein wollen. Diese beiden Unterschiede trägt jeder in sich, und sie sind leicht zu erkennen, wenn wir uns mal auf diese Ebene begeben und nicht auf der Alltagsebene bleiben, auf der jeder mehr haben und sein will und dann mit den anderen zusammenstößt, die nach demselben greifen wie man selbst.

Karma sind also die wirklichen Absichten. Wir müssen untersuchen, was unsere Absichten sind. Das ist ein langsamer Läuterungsweg, der nicht über Nacht erledigt ist. Aber wenn wir diesen Weg gehen, dann bringt er Glück und Frieden ins eigene Herz, und dadurch werden Glück und Frieden in der ganzen Welt vermehrt, die es dringend benötigt.

> Es kommt nicht so sehr darauf an
> *was* wir machen,
> sondern *wie* wir es machen.
> Das *Wie* macht das Spirituelle.
>
> *Ayya Khema*

~ ☸ ~

Ayya Khema auf der Nonneninsel Parappuduwa Nuns Island, 1987

Kurzbiografie

Ayya Khema wurde 1923 als Ilse Kussel in Berlin geboren. Sie war einziges Kind jüdischer Eltern. Ihr Vater, Theodor Kussel, war Offizier-Stellvertreter im Ersten Weltkrieg, wurde verwundet und bekam das Eiserne Kreuz erster Klasse, was ihn aber später auch nicht davor schützte, durch Hitler die deutsche Staatsangehörigkeit zu verlieren. Als gelernter Bankfachmann wurde er nach dem Krieg erst freier Makler an der Berliner Börse und dann als vereidigter Kursmakler zugelassen, eine Staatsanstellung, in der er äußerst erfolgreich war. Die Familie lebte im Wohlstand in einer 12-Zimmer-Wohnung in Berlin-Tiergarten mit vier Bediensteten. Ayya Khemas Mutter hieß Lizzie, geb. Rosenthal; ihr Vater Jakob Rosenthal hatte ein Kindergarderobengeschäft an der Ecke Rankestraße/Tauentzienstraße neben der Kaiser-Wilhelm-Gedächtniskirche. Die Eltern waren auch schon in Berlin geboren, der Vater im ältesten Haus Berlins: Krögel Nr. 1.

Ayya Khemas Onkel Leo Kestenberg, Mann der Schwester ihres Vaters, war Ministerialrat für Musikerziehung an der Musikakademie Berlins und einer der Lehrer von Yehudi Menuhin. Er war einer der ersten jüdischen Künstler, die im „Stürmer“ (Zeitung der Nationalsozialistischen Partei) als „entartet“ angeprangert wurden. Die Familie floh in die Tschechoslowakei und rettete sich rechtzeitig nach Israel, wo Leo Kestenberg dann das Philharmonische Orchester Israel ins Leben rief, das heute noch besteht.

Durch die Judengesetze Hitlers verlor Ayya Khemas Vater seine Anstellung und musste hohe Abgaben an das Finanzamt leisten, sodass die Familie 1938, am Ende der Zeit in Deutschland, Zuflucht bei einer Schwester des Vaters in einer kleinen Hinterhofwohnung in Berlin-Moabit nehmen musste.

Nach der Reichskristallnacht im November 1938, in der die Synagogen in Brand gesteckt wurden, war es dem Vater klar, dass es in Deutschland keine Zukunft für deutsche Juden gab. Er kaufte von seinem letzten Geld Fahrkarten für eine Schiffsreise der Lloyd Triestino nach Shanghai, die sechs Wochen dauern sollte.

Da die Eltern glaubten, dass sie ein junges Mädchen nicht mit nach China nehmen konnten, wurde Ayya Khema, zusammen mit 200 anderen elternlosen Kindern, mit einem Kindertransport fortgeschickt. Ein Schiff der Hamburg-

Amerika-Linie brachte die Kinder von Hamburg nach Dover und dann ging es mit dem Zug bis London. Diese Rettungsaktion geschah durch die Vermittlung der jüdischen Gemeinde Deutschlands, durch die 10.000 jüdische Kinder nach England und Schottland kamen. 900.000 jüdische Kinder sind danach in Deutschland umgekommen.

Ayya Khema kam zu einer Familie nach Glasgow in Schottland, die sieben Kinder hatte und jemanden brauchte, der im Haushalt helfen sollte. Sie bekamen die denkbar ungeeignetste Person, da Ayya Khema zu der Zeit – nach ihren Aussagen – nicht einmal wusste, wie man Wasser kocht. Ayya Khema lernte jedoch spielend die englische Sprache, da ja niemand dort Deutsch sprechen konnte. Die Fünfzehnjährige war aber in der völlig fremden Umgebung nicht glücklich. Sie bat daher ihren Vater, sie auch nach Shanghai kommen zu lassen. Da inzwischen der europäische Krieg ausgebrochen war, wollte der Vater sowieso sein einziges Kind aus Europa herausholen und so schiffte sich Ayya Khema mit 16 Jahren auf dem japanischen Frachter „Haruna Maru" in Liverpool ein. Sechs Wochen später kam sie nach einer abenteuerlichen Schiffsreise bei ihren Eltern in China an.

Dort hatte der Vater inzwischen mit zwei anderen Emigranten ein gutgehendes Geschäft aufgemacht, wo zum ersten Mal in China fertige Damenkleider hergestellt und verkauft wurden, die viel Anklang fanden. Die Eltern hatten sich eine schöne Wohnung beschafft, in der Ayya Khema sogar einige Möbel und Gemälde aus der Berliner Wohnung wiederfand. So wurde zum zweiten Mal eine Basis für ein gutbürgerliches Leben aufgebaut. Ayya Khema besuchte und absolvierte die Handelsschule und bekam als zweisprachige Sekretärin sofort eine recht gute Anstellung bei einer russischen Export-Firma.

1943 wurde diesem Leben ein Ende gemacht, da die Japaner Shanghai besetzten und als Alliierte Deutschlands eine Juden-Proklamation herausgaben, nach der 18.000 Juden aus vielen europäischen Ländern in Scheunen, Abstellräumen und sonstigen Räumen in einem Zivilgefangenenlager interniert wurden. Auf diese Weise verlor die Familie zum zweiten Mal alles Hab und Gut, Wohnsitz und Lebensunterhalt.

Das Lager wurde versehentlich von amerikanischen Fliegern bombardiert, da sich eine japanische Radiostation direkt daneben befand, wobei viele Menschen umkamen. Dabei wurde Ayya Khema das erste Mal hautnah mit dem Tod konfrontiert, da der Bombenkrater direkt vor ihrem Haus war. Fünf Tage vor Ende des Krieges wurde Ayya Khemas Vater ein Opfer der unzulänglichen Hygienezustände im Lager und starb an einer Hirnhautentzündung. Sein Tod traf sie tief, da sie ihrem Vater sehr nahestand.

Sie arbeitete als Sekretärin bei den amerikanischen Besatzungstruppen, die Tschiang Kai-schek unterstützten, aber den Vormarsch von Mao Tse-tung nicht aufhalten konnten. Die amerikanischen Wohlfahrtsorganisationen machten es sich dann zur Aufgabe, die internierten europäischen Juden aus dem Lager nach Amerika zu bringen und schickten dafür Truppentransportschiffe nach Shanghai.

Ayya Khema hatte 1946 einen 17 Jahre älteren deutschen Juden geheiratet und ein Jahr später wurde ihre Tochter Irene noch im Lager geboren. Es dauerte bis 1949, dann konnte Ayya Khema mit ihrer Familie nach Amerika ausreisen. Kurz danach überrannte Mao Tse-tung Shanghai und alle verbliebenen Europäer und Amerikaner wurden inhaftiert.

In Amerika war es nicht einfach, Fuß zu fassen, aber stetige Arbeit gab der jungen Familie eine Lebensgrundlage. 1955 wurde Sohn Jeffrey in San Diego, Kalifornien, geboren. Ein Jahr davor war Ayya Khema Amerikanerin geworden, ein freudiges Ereignis, denn bis dahin hatte sie keinerlei Staatsangehörigkeit, da Hitler den Juden die deutsche Staatsangehörigkeit abgesprochen hatte.

Nach dreizehn Jahren Ehe war es beiden Ehepartnern klar, dass sich ihre Interessen in vollkommen verschiedene Richtungen entwickelt hatten, und sie trennten sich. Ayya Khema siedelte auf die Gesundheitsfarm „Rancho La Puerta" an der Grenze von Mexiko und Kalifornien um, wo sie viel über gesunde Ernährung lernte, Vegetarierin wurde und die ersten Schritte zum spirituellen Leben unternahm.

Es gab Seminare über das Leben der Essener, und sie besorgte sich die Lehren von Swami Yogananda (Self-Realization Fellowship). Dort heiratete sie zum zweiten Mal und zwar einen früheren Schulkameraden, mit dem sie sowohl in Berlin als auch in Glasgow die gleiche Schule besucht hatte. Eineinhalb Jahre waren beide Mitarbeiter auf der Gesundheitsfarm, wofür sie dort umsonst wohnen, essen und sich weiterbilden konnten.

In den folgenden fünf Jahren unternahmen sie zusammen Weltreisen, um Länder, Leute, Gepflogenheiten und naturnahe Lebensweisen kennenzulernen. Zuerst ging es den Pan-American Highway herunter von Texas bis Panama, der zu der Zeit noch keine Brücken hatte, sodass der Jeep, der auch als Wohnung und Küche diente, viele Male durch Flussbette hindurchgesteuert werden musste. Von Panama fuhren sie per Bus, Flugzeug und per Anhalter durch Südamerika über die Anden von Peru hinunter zum Amazonas-Tal. Da der Fluss sehr ausgetrocknet war, mussten sie einen Monat in einem kleinen Dorf am Ucayali-Fluss bleiben, bis es möglich wurde, in einem Kanu aus einem ausgehöhlten Baumstamm den Rest des Weges bis Iquitos weiterzukommen.

Als nächstes lebten sie eineinhalb Jahre in Pakistan, wo

sie auf einer Insel im Indus wohnten, denn ihr Mann war Ingenieur und half beim Bau eines Elektrizitätswerkes. Der Staat stellte ihnen zwölf Bedienstete zur Verfügung, die aber mehr Arbeit machten, als dass sie unterstützten.

Danach kauften sie in England ein Landrover Dormobile, und es begann eine zweijährige Reise durch Europa und Asien, die in Singapur endete und die Familie nach Australien führte.

Auf dieser Reise durch Asien in den Jahren 1963/64 lernte Ayya Khema zum ersten Mal Meditation kennen, sie wurde von der „Mutter" im Sri Aurobindo Ashram angeleitet. Ein Besuch im Ramana Maharshi Ashram öffnete die Tür zu der Frage: „Wer bin ich?" Die Reise führte durch ganz Indien, in den Himalaya, nach Hunza, Nepal, Kaschmir, Thailand und Sri Lanka. Es ergaben sich erste Berührungspunkte mit dem Buddhismus, allerdings nur aus der Reise-Perspektive.

In Australien angekommen wurde eine 70 Hektar große Farm in Queensland gekauft, auf der die Familie vollkommen autark lebte, biologischen Anbau betrieb und als Einnahmequelle Shetland-Ponies züchtete, die vielen Kindern liebe Gefährten wurden. Die 1963 begonnene Meditation wurde immer weiter praktiziert. Ein altes Milchhäuschen wurde auf der Farm zum „Tempel" ausgebaut, der nun als Besinnungsstätte diente.

1973 hörte Ayya Khema zum ersten Mal die Lehre des Buddha. Ein englischer Mönch, Phra Khantipālo, war nach Australien gekommen, um dort einen Meditationskurs abzuhalten. Sie hatte sich bis dahin schon viele verschiedene spirituelle Pfade angeschaut, konnte aber keinen ganz akzeptieren, da Vernunft und Logik oft nicht angesprochen wurden. Nachdem sie die Lehre des Buddha gehört hatte, wusste sie, dass dies ihr Weg sei. Sie lud dann Lehrer auf ihre Farm „Shalom" ein, die dort Kurse gaben. Ayya Khemas Interesse an der Lehre vertiefte sich so sehr, dass sie nach Amerika fuhr, um dort weitere Kurse mitzumachen.

Sie verbrachte unter anderem einige Zeit in Tassajara, einem herrlich gelegenen Zen-Kloster in Kalifornien. Als nächstes fuhr sie nach Burma in das Meditationszentrum von U Ba Khin, wo sie dessen Methode vollständig erlernen wollte. Dann verbrachte sie eine Regenzeit in den Klöstern von Tan Achan Singtong und Tan Achan Mahā Boowa in Thailand und war 1978 bereit, ein Waldkloster in Australien zu gründen, dem der englische Mönch, ihr erster Lehrer, vorstehen sollte. In diesem Kloster „Wat Buddha Dhamma" wurde inzwischen vielen Menschen die Lehre und die Meditation vermittelt. Alle zwei Jahre fuhr Ayya Khema dorthin, um selbst einen Kurs zu geben.

Da ihr erster Lehrer, Phra Khantipālo, sie schon 1975

gebeten hatte, ihm beim Lehren zu helfen, hatte sie darin Erfahrung gesammelt. 1979 war sie dann bereit, Nonne zu werden. Zu der Zeit war sie bereits Großmutter, denn ihr Enkel wurde 1973 in Amerika geboren. Ihr Sohn hatte die Universität absolviert und stand im Berufsleben.

Ayya Khema wollte in Sri Lanka ordiniert werden, da dort der Status der Nonnen besser ist als in Thailand und auch viel mehr Englisch gesprochen wird. Sie brachte ein Empfehlungsschreiben an den Ehrw. Nyānaponika nach Sri Lanka mit, der ihr aber riet, dass sie sich im Vajirarama Tempel in Colombo von dem Ehrw. Nārada Mahāthera ordinieren lassen sollte. Der Ehrw. Nārada war gern dazu bereit und ohne Ayya Khema etwas davon zu sagen, lud er alle Freunde und Helfer des Tempels zur Ordination ein, sodass ca. 600 Menschen anwesend waren. Obwohl Ayya Khema die Pali-Rezitationen alle auswendig gelernt hatte, so wurde sie von den vielen Menschen doch etwas abgelenkt und sie erinnert sich, dass der Ehrw. Nārada ihr öfter Worte vorsprechen musste. Nach der Ordination kamen ca. 20 kleine, weißgekleidete Schulmädchen, von denen jedes ein Geschenk an Ayya Khema übergab, das der Ehrw. Nārada besorgt hatte.

Darauf zog sich Ayya Khema erst einmal einige Zeit in das Meditationszentrum Kanduboda in Sri Lanka zurück, wo ihre Meditation große Fortschritte machte. Als Nonne musste sie sich hier um nichts anderes kümmern, und der damalige Abt des Klosters, der Ehrw. Sumatipala Thera, unterstützte sie in jeder Beziehung. Dort kamen auch Erinnerungen an frühere Leben hoch und sie erkannte, dass sie schon mehrere Leben als Nonne verbracht hatte. Sie erinnerte sich auch an Kindheitserlebnisse, wo sie jeden Abend vor dem Einschlafen im Bett die erste und zweite meditative Vertiefung praktiziert hatte. Dies wurde ihr dadurch klar, da sie jetzt die meditativen Vertiefungen übte und vervollkommnete, wobei sie aber keinerlei Anweisung erhalten konnte, da sie in Sri Lanka nicht praktiziert wurden. So hielt sie sich an die Anweisungen des Buddha. Selbstverständlich hätte sie gerne Bestätigung und Anhaltspunkte von einem Lehrer gehabt, die sie jedoch erst 1983 bekam, als sie den Ehrw. Ñānarāma Mahāthera kennenlernte, der bis zu seinem Tode 1992 ihr Lehrer blieb. Der Ehrw. Ñānarāma Mahāthera war Abt eines großen Waldklosters, Mitirigala, inmitten des Dschungels von Sri Lanka, wo Affen und viele andere Tiere genauso zu Hause waren wie die Mönche.

Ayya Khema besuchte ihren Lehrer so oft sie es ermöglichen konnte und erzählte, dass sie dort jedes Mal liebevoll und freudig empfangen wurde. Sonst korrespondierte sie mit ihrem Lehrer, der glücklicherweise einen Schüler hatte, der perfekt Englisch sprach und vor seinem Mönchsleben

Professor für Englisch gewesen war. Dadurch klappte die Verständigung fehlerlos.

Inzwischen ließ Ayya Khema eine Meditationshalle, eine Bibliothek, Schlaf- und Badezimmer für singhalesische Nonnen in Madiwela, Kotte, erbauen, wo sie selbst dann auch lehrte.

Die englisch sprechende Bevölkerungsschicht Sri Lankas bat sie kurz nach ihrer Ankunft, dass sie dort Meditation lehren solle, da dies zu der Zeit noch immer recht ungewöhnlich war. Die Meditation hat dort seitdem weitere Kreise gezogen, wird aber vor allem in den Waldklöstern praktiziert, und es fehlte an Anweisungen für Nicht-Ordininierte. Daher kam es dazu, dass Ayya Khema einen Meditationskurs auf Polgasduwa, Island Hermitage, für die Unterstützer dieses Klosters gab. Dieses war 1911 von dem deutschen Gelehrten und Mönch, dem Ehrw. Nyānatiloka, gegründet worden und beherbergt bis heute noch westliche Mönche.

Einer der Teilnehmer, der selbst an diesem See, in dessen Mitte die Insel des Klosters liegt, ein schönes Haus bewohnte, fragte Ayya Khema, ob sie bereit wäre, auf einer benachbarten, kleinen Insel, ein Nonnenkloster zu eröffnen und zu leiten, wenn er ihr helfen würde. Ayya Khema erzählte, dass sie sich schon seit Jahren von den Geschehnissen leiten ließ, sie weder ablehnte noch an sich heranzog und so willigte sie ein. Die Insel war Wildnis und ca. einen Hektar groß. Durch Spenden aus aller Welt war es möglich, dort Hütten für Nonnen, eine Meditationshalle, eine Bibliothek, Küche und Speisezimmer und ein Wohnhaus für Besucher aufzubauen. Es wurden Palmen gepflanzt und Wege angelegt und schon 1984 war „Parappuduwa Nuns Island" bereit, die ersten Gäste aufzunehmen.

Da Ayya Khema in vielen Ländern der Welt Meditationskurse gab, folgten ihr viele Frauen auf die Nonneninsel, um dort Monate oder Jahre zu verbringen. Drei von ihnen ordinierten als Nonne. Die ersten Frauen kamen aus Deutschland und halfen sehr beim Aufbau der Nonneninsel. Ein Ableger des Bodhi-Baumes, den die Ehrw. Sanghamitta ca. 250 Jahre v. Chr. von Indien nach Sri Lanka gebracht hatte und der noch heute in Anuradhapura wächst, wurde auf der Nonneninsel eingepflanzt und entwickelte sich bald zu einem stattlichen Baum. Dieser Baum ist besonders in Sri Lanka ein Verehrungsobjekt, weil er eine lebendige Verbindung zum Buddha herstellt, der in seinem Schutz die Erleuchtung erlangte.

Ayya Khema begann zu dieser Zeit, die meditativen Vertiefungen zu lehren, nachdem ihr Lehrer die Korrektheit ihrer eigenen Meditation bestätigt hatte. Außerdem bat sie der Ehrw. Ñānarāma, diese Lehre in die Welt zu tragen, da es nach seiner Aussage „eine verlorengegangene Kunst ist, die dringend wieder zum Leben erweckt werden muss." Zu der Zeit gab es niemanden in Sri Lanka und wohl kaum in der Welt, der die meditativen Vertiefungen in allen Einzelheiten und mit genauer Anweisung lehrte. Auch heute ist diese Kunst nicht sehr verbreitet, sodass Ayya Khemas Erklärungen weiterhin eine einzigartige Bereicherung des spirituellen Lebens darstellen. Während dieser Zeit auf der Nonneninsel Parappuduwa zog sich Ayya Khema auch hin und wieder für längere Zeit in den Wald zurück und verbrachte einsame Monate auf einer Bananenplantage von Freunden, tief im Dschungel versteckt. Die Erkenntnisse und Ergebnisse dieser Meditationsmonate bestätigte ihr der Ehrw. Ñānarāma dann brieflich.

1987 initiierte sie die erste internationale Konferenz für buddhistische Nonnen und buddhistische Frauen aller Traditionen und war Mitbegründerin des Netzwerks für Frauen „Sakyadhita" (Töchter des Buddha) unter der Schirmherrschaft des Dalai Lama. Im selben Jahr hielt sie als erste buddhistische Nonne eine Rede vor den Vereinten Nationen in New York und wurde mit der Friedensmedaille geehrt.

1988 erhielt sie die Ordination als Bhikkhuni (vollordinierte Nonne) im Hsi-Lai Tempel in Los Angeles in der traditionellen Art einer Einweihung, die von Mönchen und auch Nonnen durchgeführt wurde.

Leider wurde das landschaftlich herrliche Sri Lanka von

schrecklichen Unruhen heimgesucht, wobei viele Menschen den Tod fanden. Schüler und Unterstützer der Nonneninsel trauten sich nicht mehr von Zuhause weg. Bombenanschläge waren an der Tagesordnung. Da es auch für westliche Frauen gefährlich schien, die Reise zur Nonneninsel anzutreten, entschloss sich Ayya Khema 1989, die Leitung der Nonneninsel einem Komitee ihrer Schülerinnen zu übergeben.

Nach 50 Jahren Abwesenheit kehrte sie auf Bitten ihrer deutschen Schüler in ihre Heimat Deutschland zurück, um hier die buddhistische Lehre zu etablieren und zu verbreiten. So entstand das Buddha-Haus im Allgäu in dem sie dann überwiegend lebte und lehrte.

Das erste Buch von Ayya Khema „Be an Island unto Yourself" auf Deutsch „Sei dir selbst eine Insel", entstand aus Vorträgen, die sie jeden Abend auf der Nonneninsel gehalten hat. Sie verfasste viele Bücher auf Deutsch und Englisch, die in weitere sieben Sprachen übersetzt wurden und hielt Vorträge auf der ganzen Welt. Ihr erstes Auftreten im Fernsehen war in Sri Lanka, inzwischen war sie auch in England, Australien, Deutschland und Österreich zu sehen. Besonders seit 1993 hatten die Medien Ayya Khema entdeckt. Sie trat des Öfteren im Fernsehen und Radio auf, viele Zeitungen und Zeitschriften berichteten über sie oder druckten Interviews mit ihr ab.

Seitdem sie 1989 nach Deutschland zurück gekommen

war, hatte sie es sich zur Aufgabe gemacht, den interreligiösen Dialog mit anderen Religionen zu führen und zu fördern. Sie hatte seit 1994 viele Meditationskurse in katholischen Klöstern abgehalten, wodurch ein lebendiger Austausch entstanden war.

Sie lehrte regelmäßig in den USA, Australien, England, Österreich und der Schweiz und wurde in Deutschland von verschiedensten Organisationen für Vorträge und Workshops eingeladen. Egal, ob es die Friedensuniversität in Berlin oder das Rainbow-Festival in Baden-Baden waren, wenn die Veranstaltung eine sinnvolle und gute Sache war, so ist sie der Einladung gerne gefolgt.

Anfang 1994 ist aufgrund ihre Initiative das Buddha-Haus Stadtzentrum in München entstanden, das bis heute für die Menschen der Großstadt eine Oase der Ruhe und des Friedens bietet. Zudem haben sich im gesamten deutschsprachigen Raum viele Meditationsgruppen gebildet, die von Schülerinnen oder Schülern von Ayya Khema geleitet werden und sich regelmäßig zur Meditation, Vortrag und Austausch treffen, um die Praxis zu stärken und zu stützen.

Im Sommer 1997 konnte Ayya Khema noch die Metta Vihara bei Buchenberg im Allgäu einweihen, wo ein wunderbarer Rückzugsort für längere Retreataufenthalte für Übende der buddhistischen Praxis entstand.

Sie hat sich bis zum Schluss, trotz ihres schweren Krebsleidens, dem *Dhamma* und seiner Verbreitung, vollkommen und mit ganzen Kraft hingegeben. Sie gilt als eine der großen Integrationsfiguren des Buddhismus im Westen und war eine Meditationsmeisterin mit internationalem Ruf.

Ihre vielen Vorträge und Bücher sind das große Vermächtnis der Mystikerin Ayya Khema, die im November 1997 im Buddha-Haus im Allgäu starb.

~ ☸ ~

Ayya Khema am Teich in der Metta Vihara, 1997.

Bücher von Ayya Khema im Jhana Verlag

Ich schenke euch mein Leben

Die Lebensgeschichte einer deutschen Budddhistin

Klappenbroschur, 240 Seiten

ISBN 978-3-931274-34-4

Meditation ohne Geheimnis

Eine Führung ins Innerste

Klappenbroschur, 208 Seiten

ISBN 978-3-931274-41-2

Die Ewigkeit ist jetzt

Frieden und Freiheit durch die Lehre Buddhas

Klappenbroschur, 248 Seiten

ISBN 978-3-931274-63-4

Bücher von Ayya Khema im Jhana Verlag

Ein Leben in Liebe und Weisheit

Begegnung mit einer Mystikerin

gebunden, 144 Seiten
mit zahlreichen Fotos
ISBN 978-3-931274-38-2

Unsere Umwelt als Spiegel

Der Weg des Buddha zur Selbsterkenntnis

broschiert, 112 Seiten
ISBN 978-3-931274-65-8

Sei dir selbst eine Insel

Buddhas Weg zu Innerem Glück und Frieden

Klappenbroschur, 184 Seiten
ISBN 978-3-931274-58-0

Das Buddha-Haus ist ein buddhistisches Seminarzentrum und liegt etwa 130 km südwestlich von München in den Allgäuer Voralpen. Hier finden Meditationskurse für Anfänger und Geübte statt, die von erfahrenen Lehrenden geleitet werden, insbesondere die in der Tradition von Ayya Khema lehren.